우리 집 명랑 독스

글 정재은 | 그림 양은희

강아지를 싫어하는 아이들과 좋아하는 아이들에게 멍멍이 왕망치가 보내는 짧은 편지

나는 강아지를 싫어하는 아이가 싫어, 나를 징그러운 벌레처럼 쳐다보는 아이는 진짜 싫어. 내가 멀리 지나가기만 해도 무섭다며 울음을 터뜨리는 아이는 진짜진짜 싫어.

나는 아이들이 좋은데, 아이들만 보면 즐거워서 펄쩍펄쩍 뛰는데, 나도 모르게 달려가 장난을 치고 싶은데 나를 싫어하니까 나도 싫어.

하지만 그런 아이들하고 더 친해지고 싶기도 해. 내가 얼마나 저를 좋아하는지 보여 주고 싶기도 하고, 내가 얼마나 재미있는 멍멍이인지 느끼게 해 주고 싶어.

나랑 있으면 입이 찢어지게 웃을 일이 많다는 걸 알려 주고 싶기도 해.

강아지를 좋아하는 아이들은 어떻냐고?

물론 강아지를 좋아하는 아이들은 굉장히 좋아해. 그런 아이들은 멀리서 눈빛만 보아도 알 수 있어. 두 팔을 쫙 벌리고 "멍멍이다." 하고 달려오는 그 발자국 소리, 부드러운 손길. 나도 얼른 달려가 할짝할짝 손을 핥아 주고 싶지.

하지만 가끔 나를 좋아하는 아이들한테서 도망치기도 해. 강아지가 좋다며 꼬리를 잡아당기기도 하고, 올라타기도 해서 나를 힘들게 하니까. 아무리 좋아하는 사이라도 심한 장난은 견디기 힘들거든.

그래서 나는 고민했어. 강아지를 좋아하지만 사이좋게 지낼 수 없는 아이들과 강아지를 싫어하고 무서워하는 아이들에게 우리 멍멍이들에 대한 이야기를 해 줘야겠다고.

멍멍이들이 무얼 좋아하고, 무얼 힘들어하는지 알게 되면 서로를 더 잘 이해할 거 아니니? 그럼 정말 사이좋게 지낼 수 있을 거야. 그렇지?

차례

01 우리가 함께 살아도 될까요? _8
02 쉬운 준비물과 어려운 준비물 _12
03 강아지가 좋을까, 개가 좋을까? _14
04 어디에서 강아지를 데려올까? _17
05 강아지가 원하는 집은? _19
06 예쁜 이름을 지어 주세요 _23
07 잠 좀 잡시다, 졸려 죽겠어요 _26
08 밥 주세요, 밥 _28
09 똥을 먹으면 왜 안 돼죠? _32
10 동물 병원이 뭐예요? _34
11 아무 데나 쉬할래요 _38
12 어디에서 나는 냄새일까요? _42
13 짖으면 왜 안 돼죠? _45
14 뭐든지 물어뜯고 싶어요 _48
15 내가 미친 게 아니에요 _50

16 목욕하기 싫어요 _52

17 편식은 내 취미 _55

18 멍멍이 밥을 포기한 주인이 할 일 _58

19 강아지 간식 만들기 _61

20 집에 혼자 있기 싫어요 _64

21 사람들한테 달려들면 안 돼요 _68

22 산책할 땐 나를 따라오세요 _70

23 이런 음식은 싫어요 _73

24 나랑 같이 공놀이해요 _75

25 털 좀 빗겨 주세요 _77

26 반가우면 쉬해요 _79

27 강아지도 사춘기가 있어요 _81

28 고양이랑 사이좋게 지낼게요 _83

29 문제아 강아지의 엉망진창 하루 _85

30 모범생 강아지의 평범한 하루 _87

31 피부병에 걸렸어요 _89

32 멍멍이 속여 약 먹이는 방법 _91

33 길을 잃었어요 _94

34 야외에서 강아지를 괴롭히는 것들 _96

35 벌은 안 받을래요, 상만 주세요 _98

36 운동화 어디다 숨겼게요? _100

37 훔치는 게 아니에요 _102

38 강아지가 생각하는 멋진 주인은? _104

39 멍멍이 말을 배워 보세요 _106

40 함께 여행을 떠나요 _109

41 무서워 말아요, 사실 나 굉장히 재미있는 개예요 _112

42 아기와 강아지가 함께 살 수 있을까요? _114

43 추울 때에는 스웨터를, 비 올 때에는 비옷을 _116

44 공주병 강아지의 탄생 _118

45 강아지마다 성격이 달라요 _121

46 강아지를 맡길 때 이렇게 하세요 _124

47 내가 주인님을 닮았다고요? _126

48 꼭 다이어트를 해야 하나요? _128

49 멍멍이가 다리를 다쳤어요 _130

50 눈이 잘 안 보여요 _132

51 잘 안 들려요, 멍멍! _133

52 엄마가 되었어요 _134

53 미스 멍멍 대회에 나갈래요 _138

54 꼬리를 자르지 마세요 _141

55 사람의 눈과 귀가 될게요 _143

56 나를 괴롭히지 말아요 _145

57 강아지가 늙고 힘이 없어져도 _146

| 부 록 |

나와 딱 맞는 강아지는 누구?/재미로 보는 우리 강아지 아이큐 테스트/최고로 머리 좋은 강아지 VS 최고로 머리 나쁜 강아지/강아지와 관련된 직업을 갖고 싶어요/세계 여러 나라를 대표하는 개

01 우리가 함께 살아도 될까요?

　세상에는 두 종류의 사람이 있어요. **강아지를 좋아하는 사람과 싫어하는 사람.** 물론 우리 강아지들은 우리를 정말 좋아하는 사람들과 함께 살고 싶어요. 강아지를 정말 좋아하는지 아닌지 모르겠다고요? 그렇다면 다음 질문에서 자신에게 해당되는 것에 O표를 해 보세요.

QUESTION 강아지를 좋아하는지 알아보는 방법

1. 강아지를 보면 자기도 모르게 "야, 강아지다!" 하며 소리를 지른다. (   )
2. 강아지의 사진만 보아도 좋아서 침을 뚝뚝 흘린다. (   )
3. 강아지의 크기나 종류와 상관 없이 정신 없이 다가가 손을 내민다. (   )
4. 벌렁 누운 강아지를 보면 만져 주고 싶어서 참을 수 없다. (   )
5. 가끔 강아지의 보드라운 털에 얼굴을 부비고 싶다. (   )
6. 취미는 강아지 인형 모으기, 특기는 강아지 소리 흉내내기이다. (   )

이 가운데 한 가지라도 ○표를 했다면 당신은 강아지를 참 좋아하는 사람이에요. 하지만 강아지를 좋아하는 사람이라고 해서 모두 키울 수 있는 것은 아니랍니다. **강아지와 함께 살고 싶다면 먼저 온 가족의 찬성을 얻어야 해요.** 한 명이라도 반대를 한다면 강아지를 키우지 않는 게 좋아요.

특히 개가 먹을 것을 사 주시고 보호를 해 주실 아빠, 엄마가 반대하신다면 강아지와 함께 살기 어렵지요. 그래도 꼭 강아지와 함께 살고 싶다고요? 그럼 강아지와 함께 사는 게 얼마나 좋은지 부모님을 설득해 볼까요?

아빠, 엄마께 강아지와 함께 살면 좋은 점과 나쁜 점을 말씀드린 다음, 좋은 점이 더 많다고 설득해 보는 거예요.

물론 나쁜 점은 숨기고 좋은 점만 이야기한 다음 덥석 강아지를 데려올 수도 있어요. 하지만 이 방법은 부모님을 속이는 거예요. 우리 강아지들은 정정당당한 방법으로 사람들과 함께 살고 싶어요.

▷ 강아지와 함께 살면 나쁜 점

① 돈이 많이 든다(그러나 생활이 어려워질 정도는 아니다).
② 똥, 오줌, 털 때문에 집이 지저분해질 수도 있다(청소를 자주 하면 된다).
③ 물리거나 병이 옮을 수도 있다(예방 접종을 잘 하고 깨끗하게 키우면 된다).

▷ 강아지와 함께 살면 좋은 점

① 강아지와 함께 산책을 하면 운동이 된다.
② 강아지 때문에 가족끼리 할 이야기가 많아진다.
③ 훈련을 잘 시키면 심부름도 해 준다.

④ 외로울 때 친구가 되어 준다.
⑤ 집을 지켜 준다.
⑥ 새끼를 낳으면 돈을 벌 수도 있다.
⑦ 사람의 얘기를 들어 준다.
⑧ 사람이 먹기 싫은 음식을 대신 먹어 준다.
⑨ 털을 모아 스웨터를 만들 수도 있다.
⑩ 주인이 잘못해도 언제나 주인 편을 들어 준다.

이 정도면 누구나 우리 강아지들과 함께 살고 싶어하겠죠? 하지만 **개털 알레르기가 있는 사람은 강아지와 함께 살 수 없어요.** 그냥 강아지 사진을 보며 만족해야 한답니다. 사실 우리 강아지들은 무조건 사람과 함께 사는 것보다 서로 도와 가며 사이좋게 사는 것을 좋아하니까요.

02 쉬운 준비물과 어려운 준비물

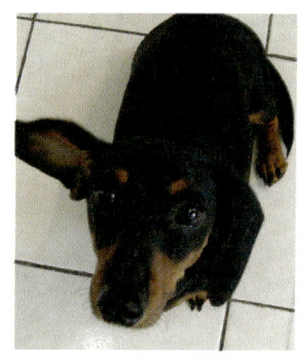

강아지와 함께 살려면 정말 생각해야 할 게 많지요? 생각이 끝났으면 준비를 해 볼까요?

돈만 있으면 금방 살 수 있는 쉬운 준비물도 있지만 참을성이 많이 필요할 만큼 어려운 준비물도 있다는 것을 잊지 마세요.

▷ 쉬운 준비물

 강아지 집, 강아지 수건(많을수록 좋아요), 강아지 밥그릇과 물그릇(묵직한 것으로 준비해 주세요), 강아지 사료, 강아지 샴푸, 강아지 목줄(강아지의 종류와 크기에 맞는 것을 사 주세요), 기생충 약값, 병원비, 장난감, 공, 뼈다귀…….

▷ 어려운 준비물

끊임없이 싸대는 똥오줌을
치울 만한 부지런함.

강아지의 말썽을
꾹 참을 만한 참을성.

훈련이 될 때까지 쉬지 않고
잔소리를 할 수 있는 목청.

10년 이상을 함께 살겠다는
책임감과 따뜻한 사랑.

어려운 준비물을 잘 챙기지 못 한다면 강아지와 함께 하는 행복한 생활은 영영 누리지 못 한다는 것, 잊지 마세요.

03 강아지가 좋을까, 개가 좋을까?

어떤 어려움에 처하더라도 강아지와 함께 지내겠다고 결심했나요? 어떤 멍멍이든 데려오기만 하면 맘껏 사랑할 자신이 있다고요?

정말 그렇군요. 멋진 멍멍이를 만나고 싶어서 마음이 쿵당쿵당 뛰고 있네요. 그 소리가 나한테도 들려요.

먼저, 다 큰 개를 키울까, 어린 새끼 강아지를 키울까 결정해야 해요. 어린 강아지를 키우려면 주인님이 강아지와 함께 있는 시간이 많아야 해요. 쉬 가리는 교육, 사람을 대하는 교육, 기본적인 건강을 체크하는 법 등 알아야 할 것이 많아요. 이런 교육은 주인이 늘 함께 있으면서 가르쳐야 하거든요.

또, 어린 강아지들은 오랫동안 혼자 두면 외로워하니까 가족들이 함께 있어 줘야 해요. 만약 집에 있는 시간이 많지 않다면 잘 훈련된 개를 키우는 것도 좋아요. 다 자란 개는 좀처럼 말썽을 부리지 않으니까요. 그런데 개가 새 가족에게 잘 적응할지 걱정이라고요?

그런 걱정은 마세요. 개들은 원래 사람을 무척 좋아해요. 처음에는 서먹하더라도 가족이라는 것을 알고 나면 적응하려고 애쓴답니다. 그러니 금방 좋은 친구가 될 수 있을 거예요.

만약, 참을성이 무척 많고, 강아지를 굉장히 사랑하는 사람이라면 이런 부탁을 하고 싶어요. 버려진 개를 키워 달라고요. 이유도 모른 채 버려지거나, 실수로 집을 잃고 거리를 떠돌던 개들은 멍멍 고아원인 동물 보호소에 모여 있어요.

모두들 한때 사랑받고 자랐던 추억을 가지고 있지요. 이런 개들은 멍멍 고아원이나 동물 보호소에 있다가 아무도 데려가지 않으

우리의 새로운 주인이 되어 주세요.

면 안락사를 당하기도 한답니다.

안락사는 개가 고통을 받지 않고 죽을 수 있게 도와 주는 거예요. 동물 보호소에서 주인 없는 개를 언제까지나 기를 수 없기 때문에 어쩔 수 없이 안락사를 시켜요.

이런 곳에서 멍멍이를 데려오면 적응하는 데 시간이 많이 걸려요. 혹시 거리를 떠돌다가 사람한테 맞았거나 오랫동안 굶었던 개들은 난폭하기도 하고, 좀처럼 사람을 믿지 않아서 말썽을 부리기도 하지요. 어떤 개는 하루 종일 '오호호호' 늑대처럼 울어 대서 식구들을 난처하게 만들기도 해요. 하지만 시간을 두고 진심으로 친해지려고 하면 개들은 결국 누구보다 주인을 사랑하게 된답니다.

이런 개에게는 급하게 다가가지 마세요. 그냥 함께 지내세요. 무엇을 하든지 늘 같이 있어야 해요. 오랫동안 혼자 둔다면 또 버림받은 줄 알고 슬프게 울어 댈지도 몰라요.

또 잃어버리지 않도록 목줄을 꼭 묶고, 너무 구속하지도, 너무 놓아 주지도 마세요. 무척 힘든 일이지만 진심으로 강아지를 사랑한다면 버려진 멍멍이들에게도 관심을 주세요.

어디에서 강아지를 데려올까? 04

Special Story

어린 강아지를 데려오기로 했다고요? 어렸을 때부터 함께 하며 추억을 만들고 싶다면 그것도 좋지요. 하지만 어린 강아지는 무척 약해서 병에 걸리기 쉬워요. 강아지를 새 식구로 맞이할 때에는 어디에서 태어난 강아지를 데려올 것인지 신중히 생각해야 해요.

나는 **가정집에서 낳은 강아지**를 추천할래요. 엄마와 함께 두 달 이상 잘 자란 녀석으로요. 엄마 젖을 먹고, 따뜻한 가정집에서 자란 녀석들은 건강하고 성격도 좋으니까요. 강아지가 태어난 곳의 주인 식구들이 많은 집이면 더 좋겠어요. 어렸을 때부터 많은 사람들과 지낸 강아지들은 성격이 동글동글하답니다.

하지만 가정집에서 태어난 강아지를 찾기는 쉬운 일이 아니에요. 그럴 때에는 마음씨 좋은 수의사 선생님이 있는 동물 병원에 문의해 보세요. 건강한 강아지를 알고 있을지도 모르니까요.

애견 센터에 가서 덥석 사는 것은 반대예요. 어떻게 키울지, 십 년 넘게 책임질 수 있을지 생각도 해 보지 않고 귀엽다는 이유로 덥석 데려오다니……. 보통 애견 센터에 오는 강아지들은 농장에서 대량으로 길러진 강아지들이에요. 너무 어리고 엄마 젖도 제대로 못 먹은 경우가 많지요. 또 깨끗하지 않은 환경에서 많은 개들과 함께 생활했기 때문에 전염병에 걸릴 위험성도 커요.

강아지를 데려올 때 가장 위험한 행동은 외모만 따지는 것이에요. 눈이 얼마나 예쁜지, 털이 얼마나 고운지, 얼마나 특이한 종류인지만 살피는 것이지요.

멍멍이는 친구이자 가족이에요. 장식품도, 인형도 아니에요. 그러므로 새 식구를 맞이하는 마음으로 건강한지, 성격이 나랑 맞는지 꼼꼼히 살피는 것이 중요하답니다. 또 조그만 강아지만 좋아하지 마세요. 몸집이 작을수록 몸이 약한 경우가 많으니까요. 나라면 작고 약한 강아지보다는 크고 건강한 멍멍 친구를 더 좋아할 것 같군요.

강아지가 원하는 집은? 05

Special story

나는 집이 필요해요. 침대 구석이나 카펫 위에서 나뒹굴며 자는 것은 나의 품위에 어울리지 않아요.

깨끗한 수건이 깔려 있는 푹신한 집을 마련해 주세요. 그냥 평범한 방석 하나 휙 던져 주는 것은 싫어요. 나는 지붕이 있는 아늑한 집을 원하거든요.

지붕이 없어도 실내라서 비가 새지 않는다고요? 하지만 지붕도 없는 집에서는 아무 비밀도 가질 수 없잖아요. 내가 벌렁 누워 자는 것도 사람들한테 모두 보이잖아요. 싫어요. 난 누구의 방해도 받지 않고 푹 쉴 수 있는 지붕 있는 집을 원해요.

참, **햇빛이 반짝이는 날이면 집을 바짝 말려 소독해 주세요.** 쾨쾨한 냄새가 나는 것은 딱 질색이에요.

집 앞에는 조그만 밥그릇과 튼튼한 물그릇을 놓아 주세요. 물그릇에는 늘 신선한 물을 채워 주고, 밥그릇은 깨끗이 닦아 주세요. 원래 개 밥그릇은 기름이 많이 끼거든요. 지저분한 개 밥그릇에는 개미들

이 몰려들어서 보기에도 징그러워요.

집 안에는 심심할 때 물어뜯을 개껌도 하나 넣어 줄래요? 그렇지 않으면 아빠의 가죽 구두나 엄마의 슬리퍼, 언니의 연필을 물어뜯을지도 몰라요.

참! 난 가끔 으르렁거리고 싶어요. 그럴 때 맘껏 잘난 척할 수 있도록 헝겊 곰 인형을 하나 넣어 줘요. 으르렁거리며 꽉 물어도 아프지 않은 헝겊 인형으로요.

이봐요, 나한테 집을 하나 지어 줘요. 비가 와서 홀딱 젖고 말았잖아요. 지붕이 있는 튼튼한 집이 필요해요. 집 안에는 따뜻한 수건이나 옷을 깔아 줘요. 겨울에도 포근하도록 말이죠. 집 안에 깐 수건이나 옷은 햇볕이 좋을 때 빨아서 말려 줘요. 난 개벼룩이 득실거리는 이불은 딱 질색이에요.

　밥그릇과 물그릇은 크고 묵직한 것으로 마련해 줘요. 어쩌다 발에 채여도 엎어지지 않도록 말이에요. **여름에는 물 속에 얼음을 한 조각**씩 넣어 주고요, 밥은 한번에 다 먹을 만큼 주세요. 남기면 상하기도 하고, 파리가 들끓어 귀찮아요.

　심심할 때 가지고 놀 공도 하나 줘요. 너무 작은 공은 꼴딱 삼킬지 모르니까 테니스 공 크기가 딱 좋아요. 간식삼아 뜯을 뼈다귀도 하나 줘요. 크고 튼튼한 쇠가죽으로 만든 뼈다귀라야 해요. 튼튼해야 잘근잘근 씹는 맛이 나니까요.

　집 근처에 내가 맘껏 파도 되는 흙 마당이 있으면 정말 좋겠어요. **나는 두더지는 아니지만 땅 파는 것을 꽤 좋아하거든요.** 여름에는 구덩이를 파서 그 안에 드러눕고 싶어요.

　그러면 얼마나 시원한지 모르죠? 궁금하면 직접 해 봐요. 물론 사람은 앞발이 발달하지 못해 땅 파는 일이 좀 어렵겠지만요.

　또 땅 속에 내 보물들을 숨겨 놓았으면 좋겠어요. 장난꾸러기 아이들이 내 공이랑 뼈다귀를 탐낼 때에는 컹컹 짖어 내쫓기도 그렇고, 정말 곤

란하거든요. 마당에 나를 묶어 놓을 생각이라면 목줄은 두툼하고 푹신한 게 좋겠어요.

목이 다치지 않을 정도로요. 줄의 길이는 길게 해 줘요. 어슬렁거리고 돌아다닐 수는 있어야지요.

참, 묶어 놓는 개는 날마다 산책을 시켜 줘야 하는 거 알지요? 만약 산책을 안 시켜 주면 스트레스가 쌓여 어떤 행동을 하게 될지 나도 알 수가 없어요.

예쁜 이름을 지어 주세요 06

Special Story

내가 그렇게 좋아요? 그럼 **멋진 이름을 지어 주세요**. 그리고 날마다 부드러운 목소리로 내 이름을 불러 주세요.

내가 대답하지 않아도 나를 부를 때 "강아지야", "귀여운 우리 아가", "야! 똥개". 이렇게 부르지 말고 꼭 이름을 불러 주세요. 그래야 내가 이름을 빨리 익힐 테니까요.

그런데 내가 아무리 사랑스럽더라도 너무 특별한 이름을 짓지는 말아요. 누렁이, 흰둥이, 해피같이 이런 평범한 이름이 싫다며 '샬랄라랄랄라 언제나 즐겁고 신나는 귀여운 강아지 우리 왕망치', 이런 이름을 지어 준다면······.

휴우, 정말 멋진 이름이지만 이런 이름은 십 년을 불러도 절대 알아들을 수 없어요. 강아지들이 특별히 머리가 나쁜 건 아니지만 이렇게 긴 이름을 이해할 만큼 좋지 않은 것도 사실이니까요.

　그래서 진돌이, 해피처럼 두세 글자로 끝나는 간단한 이름이 좋아요. 만약 강아지에게 "샬랄라랄랄라 언제나 즐겁고 신나는 귀여운 강아지 우리 왕망치야" 하고 부르면, 강아지는 제 이름을 부르는 게 아니라 옛날 이야기를 들려 준다고 생각할 거예요.
　우리말이든, 영어든, 새로 만든 외계말이든 강아지한테 어울리는 짧은 이름이 최고예요.
　참, 꼭 피해야 할 이름도 있어요. '안자', '기드려', '안대' 이런 이름을 붙이면 안 돼요.
　이런 말은 교육시킬 때 쓰는 명령어와 비슷하거든요. 나중에 나에게 "안자, 앉아."라고 말하면 나는 도대체 내 이름을 부르는 것인지

앉으라는 말인지 구별할 수 없거든요. 그러니 명령어와 비슷한 발음의 이름은 절대 사양할래요.

그리고 이름을 지은 다음에는 꼭 나한테만 불러 주세요. 사람들은 친구나 가족과 이야기하면서 자꾸 내 이름을 불러요. 물론 내가 얼마나 예쁘고 사랑스러운지 자랑하고 싶은 마음은 이해해요. 하지만 말 끝마다 내 이름이 나오면 난 참 당황스러워요. 나를 부르는 건지 아닌지 헷갈리지요. 그래서 대답을 하고 달려가야 할지 말아야 할지 망설이게 된답니다.

친구늘한테 내 자랑을 하고 싶을 땐 내 이름 '망치' 대신 "세상에서 가장 예쁜 우리 강아지가 말이야……." 이렇게 말해 주세요.

Special Story

07 잠 좀 잡시다, 졸려 죽겠어요

나를 쳐다보지 말아요. 푹신푹신한 방석을 깐 집을 마련해 준 건 고마워요. 내 머리보다 훨씬 큰 밥그릇도 마음에 들고요, 신선한 물을 담은 예쁜 물그릇이랑 따뜻한 옷도 마음에 들어요.

그래도 날 쳐다보진 말아요. 너무너무 졸려서 눈이 막 감기는데, 쑥스러워서 잠을 잘 수가 없잖아요.

물론 난 태어난 지 두 달이 넘었기 때문에 전보다 잠이 줄어들긴 했어요. **막 태어났을 때에는 하루에 스물두 시간이나 잤거든요.** 남은 두 시간 동안에는 무엇을 했냐고요? 엄마 젖을 먹기도 하고 응가랑 쉬도 했어요.

그렇게 콕콕 찌르지 말아요. **아직도 나는 하루에 열다섯 시간 정도는 자야 해요.** 게다가 낯선 집에 처음 왔더니 무척 떨리고 불안하네요.

내 집에 똑딱똑딱 소리가 나는 시계를 하나 넣어 줄래요? 엄마의 심장 소리처럼 느껴져서 잠이 더 잘 올 것 같아요. 시계는 부드러운 수건으로 싸서 넣어 주세요.

차가운 시계가 내 배에 닿으면 기분이 무척 나쁠 거예요. 내가 잠만 자니까 심심하지요? 나랑 놀고 싶지요? 꼬리도 치고, 혀도 내밀고, 팔짝팔짝 뛰는 모습이 보고 싶지요? 일 주일만 기다려요. 새 집에 적응이 되면 맘껏 말썽피우고 장난도 칠게요. 그 때가 되면 내가 잠드는 시간을 기다리게 될지도 몰라요.

08 밥 주세요, 밥

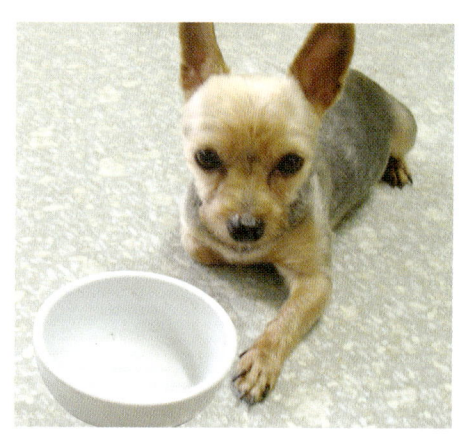 

끄으으응, 배고파요. 밥 좀 주세요.

어떻게 하루에 밥을 한 번밖에 안 줘요? 난 아직 아기라고요. 아기는 조금씩 밥을 자주 먹어야 해요. 하루에 네 번, 밥을 주세요. 다섯 번 줘도 돼요. 어릴 때에는 많이 먹어야 튼튼한 거 알죠?

그렇지만 밥그릇에 사료를 듬뿍듬뿍 넣어 놓고는 "알아서 하루 네 번 챙겨 먹으렴." 이렇게 말하지는 말아 주세요. 아기들은 배가 불러도 밥이 있으면 계속 먹거든요.

그러면 꼭 배탈이 나지요. **한 번 먹기에 충분한 양으로 하루 네 번**, 알았죠?

내가 6개월이 넘으면 그 때부터는 하루에 두 번만 줘도 돼요. 한 살이 넘어 어른이 되면 한 번만 줘도 되고요. 물론 하루 종일 배가 고프지 않을 만큼 충분한 양을 주세요. 하지만 많이 귀찮지 않다면 내가 어른이 되어도 하루에 두 번씩 밥을 줬으면 좋겠어요. 먹는 즐거움이란 그 어떤 것보다 큰 기쁨이거든요.

그리고 커다란 개들의 경우는, 얼마나 큰 개냐고요? 몸무게가 20킬로그램이 넘는 엄청나게 큰 개 말이에요. 이런 개들은 하루에 두 번 밥을 주는 게 좋아요. 커다란 개들은 정말 엄청난 속도로 밥을 먹어 치우거든요.

그런데 많은 양을 한꺼번에 먹다 보면 위경련이 일어날 수 있어요. 그럼 토할 것 같고, 뱃속은 꾸르륵거려서 정말 아프고 괴로워요. 얼른 병원에 데려가지 않으면 죽을 수도 있어요.

그러니 귀찮다 생각 말고 하루에 두 번, 밥을 주세요. 그리고 귀찮기는 뭐가 귀찮아요? 사람들은 하루에 세 번이나 밥을 먹잖아요. 반찬도 여러 개 놓고서. 개들은 하루에 겨우 한두 번, 반찬도 없이 맨밥만 먹는다고요.

그래서 멍멍이 밥에는 각종 영양소가 골고루 들어가야 해요. 탄수화물, 지방, 단백질, 비타민, 미네랄. 너무 어렵나요? 그렇다면 멍멍이 전용 사료를 준비해 줘요.

특히 동글동글한 과자처럼 생긴 마른 사료는 쉽게 상하지도 않고 각종 영양소가 골고루 들어 있어 참 좋아요. 바삭바삭 씹을 때마다 이빨 사이의 치석을 제거하기 때문에 치아 건강에도 좋아요.

그런데 어떤 강아지들은 마른 사료가 맛없다며 불평을 하기도 해요. 그럴 때에는 편식 고쳐 주는 비법을 쓰거나 통조림 사료를 줘도 돼요. 통조림 사료는 맛이 무척 좋아서 모든 개들이 먹고 싶어해요. 하지만 상하기 쉬우니 냉장고에 잘 보관해야 한답니다.

밥을 얼마나 줄지도 잘 생각해야 해요. 물론 나는 그렇지

않지만, 먹을 것을 좋아하는 몇몇 개들은 배가 터질 것 같아도 밥이 있으면 먹고, 또 먹어요. 그러다 하루에 네다섯 번 똥을 싸고 냄새나는 설사를 하며 괴로워하지요.

밥의 양은 개의 몸무게에 알맞게 챙겨 주세요. 보통은 사료 봉지에 얼마를 줘야 한다고 적혀 있으니 참고하면 돼요. 그래도 모르겠거든 동물 병원의 친절한 수의사에게 물어 보세요.

Special Story

09 똥을 먹으면 왜 안 돼죠?

보통 개들은 다른 개의 똥을 싫어해요. 산책을 하다 다른 개의 똥을 발견하면 가까이 다가가 킁킁 냄새를 맡지만, 그것은 옆집 멍멍이가 어떤 녀석인지 궁금하기 때문이에요.

나보다 힘이 센 녀석이면 조심하고, 나랑 비슷한 녀석이면 친구가 되고 싶어서요. 하지만 가끔은 특이한 취미를 가진 녀석들도 눈에 띄어요.

내 친구 중에도 그런 멍멍이가 있답니다. 미스 멍멍 대회에 나가 두 번이나 일등을 한, 혈통 좋은 녀석인데 똥을 무척이나 좋아해요. 다른 개의 똥 말고 자기 똥을 좋아하지요. 얼마나 좋아하는지 똥을 싸자마자 식기 전에 날름 해치우지요.

으웩.

"도대체 네 똥의 어디가 그렇게 좋아?"

하고 물으면 헤헤 웃으며 꼬리만 살랑거려요.

똥을 좋아하는 이유를 밝히기 전에 먼저 이런 개들과는 뽀뽀를 하지 맙시다! 그리고 병원에 가서 '똥 먹는 개에게 주는 약'을 사 와요.

개밥에 이 약을 넣으면 똥에서 기분 나쁜 냄새가 나서 먹기 싫어진대요. 또 다른 방법은 똥을 싼 다음 막 먹으려고 할 때, 문을 꽝 닫거나 큰 소리를 내어 깜짝 놀라게 하는 거예요.

이 방법을 되풀이하다 보면 '똥을 먹으려고 할 때마다 기분 나쁜 일이 생기는군. 다시는 안 먹어야지.' 하고 결심하게 된답니다. 이때 주인이 주의할 점은 "안 돼. 먹지 마!" 하고 소리를 지르고 화를 내면 안 된다는 거예요.

똥을 막 먹으려고 할 때 주인의 목소리가 들리면, 다음부터는 주인이 없는 데서 똥을 싼 다음 맛있게 냠냠 먹을 수 있거든요.

하지만 이런 방법들이 모두 효과가 없다면 남은 것은 단 하나, 강아지가 똥을 싼 다음 바로 치워 주세요. 먹고 싶어도 절대 먹지 못 하도록. 그리고 사료를 바꾸어 주세요. 너무 영양분이 많은 사료는 똥의 냄새까지 고소하게 만들 수 있답니다.

10 동물 병원이 뭐예요?

"병원부터 가야겠어. 예방 주사를 맞혀야지."
나를 데려오자마자 이렇게 말했죠.
'병원이 뭘까? 편하게 잠자는 곳일까? 맛있는 음식을 먹을 수 있는 곳일까?'
난 병원에 대해 참 많은 기대를 했어요. 하지만 병원에 도착하자마자 내 기대는 산산조각이 났지 뭐예요. 나보다 훨씬 큰 개들이 나한테 달려들어 냄새를 맡고요, 철창 집 안에 있던 고양이가 날카로운 발톱을 세우고 "캬웅, 이 애송이야." 하고 소리쳤어요.
 게다가 수의사라는 사람이 창피하게 내 몸 여기저기를 들여다보고는 날카로운 바늘로 날 찔렀어요. 예방 주사래요. 강아지를 키우려면 예방 주사부터 맞혀야 한다나요?

▷ 병원에서 만난 사람들

수의사 선생님 : 내 똥구멍에 체온계를 꽂았어요. 나는 아파서 앙 하고 울었어요. 나한테 주사도 놨어요. 아파서 앙 하고 두 번이나 울었지 뭐예요. 나를 계속 아프게 하는데 주인님은 이 사람을 혼내지도 않았어요. 그래서 내가 크면 혼내 주기로 했어요.

간호사 언니 : 나를 안아 주고 귀엽다고 쓰다듬어 줬어요. 맛있는 영양제도 한 번 먹여 주고요, 저울에 올려 몸무게도 재 주었어요. 하지만 선생님이 주사를 놓을 때 내가 꼼짝 못 하도록 꼭 잡았어요. 믿을 만한 사람이 아닌 게 분명해요.

미용사 형 : 가위를 내 얼굴에 들이대서 깜짝 놀랐어요. 그런데 눈을 가리고 있는 털을 잘라 주었어요. 갑자기 세상이 환하게 보여서 기분 좋았어요. 미용사 형이 "목욕은 나중에 시키는 게 좋겠어요. 주사를 맞은 다음엔 며칠 동안 목욕을 안 하는 게 좋아요." 하고 말했어요. 다행이죠? 목욕이 뭔지는 모르겠지만 주사처럼 아픈 것일 것 같아요.

▷ 동물 병원은 이렇게 생겼어요.

대기실 – 여러 사람들과 개들이 차례를 기다리고 있어요. 개들은 서로 으르렁거리고, 쉬를 하느라 바빴어요. 개 주인들은 다른 개들을 보며 "아유, 예뻐." 하고 칭찬을 하느라 바빴죠. 그러다가도 자기 이름을 부르면 얼른 들어가 주사를 맞아요.

진찰실 – 수의사 선생님이 주사를 주고 약을 주는 곳이에요. 어린 강아지는 다섯 번이나 예방 주사를 맞아야 해요. 다 커도 일 년에 한 번씩 무서운 병 예방 주사와 광견병 예방 주사를 맞아야 한대요. 아플 때마다 찾아와 어디가 아픈지 이야기해야 해요. 수의사 선생님이 멍멍이 말을 알아들으면 참 편리하겠죠?

수술실 – 많이 아프면 이 곳으로 가서 수술을 받아요. 강아지가 수술을 받을 만큼 많이 아프면 강아지도 주인도 무척 힘들어진대요.

입원실 – 아픈 개들이 입원하는 곳이에요. 수술한 곳이나 약을 바른 곳을 자꾸 핥으려 들면 커다랗고 우스운 칼라를 목에 씌워 놓아요.

미용실 – 목욕도 하고 털도 자르는 곳이에요. 물을 싫어한다면 굉장히 고통스러운 곳이지만 한 시간만 참으면 멋진 개로 변신할 수 있는 곳이기도 하지요. 미스 멍멍 대회에 나가고 싶다면 친해져야 하는 곳이지요.

▲ 진찰실

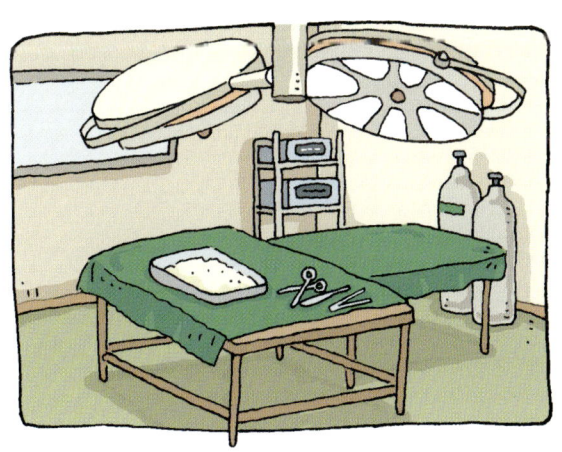
▲ 수술실

11 아무 데나 쉬할래요

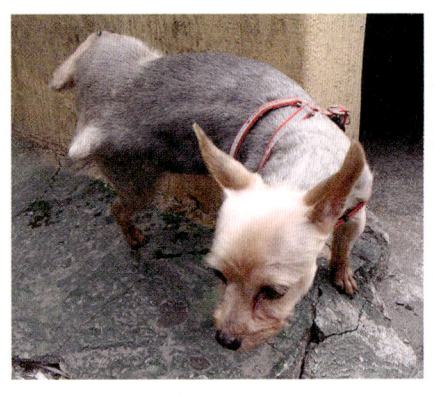

나 멋있죠? 하지만 모든 강아지가 나처럼 멋있게 쉬할 수 있는 건 아니에요. 6개월이 넘은, 진짜 남자 강아지만이 다리를 들고 쉬할 수 있지요. 그런데 사람들은 참 이상해요.

내가 처음 다리를 들고 쉬할 때에는 멋있다고 하더니 집 안에서도 그러니까 싫어하는 거 있죠? 사람들의 변덕이란, 정말 우리 멍멍이로서는 참 이해하기 힘들어요.

"쉬는 화장실에서 해야지."

"신문지 깔아 놨잖아. 신문지에서만 쉬해."

"너 때문에 벽이 온통 오줌 얼룩이야. 으이, 냄새."

어떡하라고요? 난 다리를 들고 여기저기에 쉬하도록 태어났는데요. 하지만 내가 계속 집 안 여기저기 쉬를 하면 결국 사람들과 함께 살지 못할 거예요.

그래서 나는 눈물을 머금고 결심했어요. 한 자리에만 쉬하기로요.

문제는 결심은 했지만 실천을 하기가 무척 어렵다는 것이에요. 주인님의 끈질긴 지도가 꼭 필요했어요. 많은 사람들이 강아지 교육을 제대로 못 시키고선 강아지가 머리가 나빠서 그렇다고 생각해 버리기도 해요. 그럴 때마다 나는 얘기하죠.

"주인장, 개가 아니라 당신이 머리가 나쁜 거야. 멍멍."

▷ 화장실에 쉬하기

1. **먼저 내가 좋아하는 곳**, 내 잠자리와 밥그릇과 멀리 떨어진 곳에 화장실을 정한다.—사람의 화장실과 같은 곳을 쓰는 게 제일 좋아요. 비슷한 냄새가 나거든요.

2. **아침에 일어나자마자, 밥을 먹자마자** 주인장이 나를 화장실로 데려간다. 쉬할 때까지 기다린다. —처음에는 그 곳에 쉬하고 싶지 않지만 시간이 지나면 하

게 돼요. 강아지들은 아침에 일어나자마자 쉬가 마렵거든요.

3. **쉬하면 그 자국을 깨끗이 닦지 않는다.** —강아지들은 본능적으로 쉬 냄새가 나는 곳에 쉬하고 싶어해요.

4. **화장실에서 쉬하면 칭찬하고 그 곳에서 간식을 준다.** —화장실에서 먹어도 하나도 안 더러워요. 많이 주세요. 멍멍!

5. **응가도 같은 방법으로 버릇을 들인다.** —밥을 먹자마자 화장실로 데려간 다음 응가를 하면 성의껏 칭찬한다. 성의의 정도는 간식의 양으로 평가하겠어요.

POINT 주의할 점

　화장실 아닌 다른 곳에 쉬해도 때리거나 야단치지 말아요. 겁 많은 강아지들은 '내가 쉬하는 걸 싫어하는구나.' 하고 생각해서 쉬를 참고, 또 참아 버린답니다.

　그러다 병이 생기면 큰일이잖아요. 그런데 나 같은 수컷 멍멍이는 아무리 훈련을 시켜도 절대, 절대로 화장실에만 쉬하지 않아요. 화장실에도 쉬하고, 침대 다리에도 쉬하고, 식탁 다리에도 쉬하고, 심한 경우에는 사람 바지에도 쉬를 해요.

　특별히 그 녀석들이 머리가 나쁘거나 성격이 나쁘거나 지저분해서 그런 것은 아니고, 옛날부터 수컷들에게는 영역 표시를 하던 습성이 남아 있어서 그렇답니다. 이럴 경우에는 어쩔 수 없이 중성화 수술을 시켜 주는 게 좋아요.

　중성화 수술이란 수컷 강아지를 거세하는 것을 말해요. 조금 아프지만 사람과 한 집에서 사는 강아지와 주인의 편안한 행복을 위해 꼭 필요한 수술이랍니다.

Special story

12 어디에서 나는 냄새일까요?

"흠흠, 이게 무슨 냄새지?"

갑자기 사람들이 내 몸에 코를 들이대기 시작했어요. 코를 들이대는 건 개들이 사람한테 하는 행동 아닌가요? 사람이 왜 개의 몸에 코를 들이대냐고요?

흠흠, 내 몸에서 무슨 냄새가…… 나는군요. 꿀꿀하고, 지저분하고, 시금털털한 냄새. 도대체 어디에서 나는 걸까요?

개의 몸에는 냄새나는 곳이 여러 군데 있어요. 사람도 그렇잖아요. 안 씻은 발, 안 감은 머리, 땀 나는 겨드랑이, 뭐 그런 데서 내가 좋아하는 꿀꿀한 냄새가 나잖아요. 내 몸에서도 그런 냄새가 난답니다.

눈물 냄새 : 눈곱이 끼고 눈물이 흘러 털을 적시면 냄새가 나요. 마치 오랫동안 빨지 않은 걸레 냄새와 비슷하지요. 평소에 눈곱을 잘 떼고, 눈 주위에 털이 많으면 자주 빗어 주고 잘라 줘야 해요.

입 냄새 : 이를 자주 닦아야 해요. 개들도 사람과 마찬가지로 매일 이 닦는 게 좋아요. 매일이 힘들다면 일 주일에 한두 번이라도 반드시 이를 닦아 주세요. 이를 닦을 때에는 꼭 멍멍이용 치약을 사용해요.
사람 치약은 강아지한테는 너무 매워요. 멍멍이용 치약은 맛이 좋아서 개들이 좋아해요. 물론 이닦기 싫어서 칫솔을 물어뜯는 강아지도 있지만요.

귀 냄새 : 귀에 물이 들어가거나 염증이 생기면 냄새가 나요. 그래서 평소에 귀를 자주 소독해 줘야 해요. 귀 소독용 약을 사서 면봉에

묻혀 귀 주위를 닦아 주고, 귓속에 한 방울 똑 떨어뜨려 주세요.
그 다음 귓바퀴로 귀를 닫고 조물조물 만져 준 다음 놓아 주면 강아지가 머리를 세차게 흔들어요. 그럼 귀 소독 끝.
특히 귀가 누워 있거나 털이 긴 멍멍이들은 귓구멍 입구의 털을 잘라 주거나 뽑아 줘야 해요. 귀에서 까만 귀지가 나오고 냄새가 심하게 나면 병원에 가야 해요. 만약 내가 귀를 심하게 긁는다면 꼭 병원에 데려가 주세요. 주사가 아파도 참을게요.

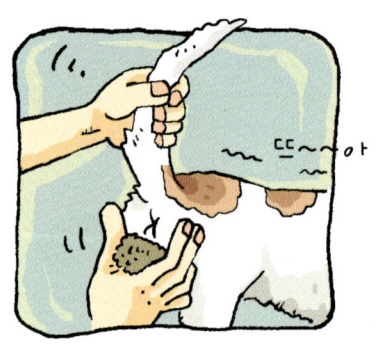

항문 냄새 : 응가하고 안 닦아서 냄새나는 게 아니에요. 개들한테는 항문낭이라는 주머니가 있어요. 똥구멍 밑에 있는데 그 안에 암모니아 냄새처럼 지독한 냄새가 나는 액체가 들어 있어요.
옛날에는 이것을 문질러 영역 표시를 하기도 했어요. 항문낭에 액체가 가득 차면 가렵기도 하고 잘못하면 염증이 생길 수 있어요. 그러니 목욕을 할 때 한 번씩 냄새나는 액체를 짜 줘야 해요.
주의할 점! 냄새가 아주 지독하니 꼭 마스크를 쓰고 짜 주세요. 개에 따라 항문낭이 자주 차는 경우도 있지만 보통 한 달에 한두 번 정도면 충분해요.

짖으면 왜 안 돼죠? 13

Special Story

왈왈왈.
멍멍멍멍.

멋진 멍멍이 말을 들어 보세요. 다른 사람이 우리 집에 들어왔을 때 우리는 큰 소리로 짖지요.

"나가요, 나가. 멍멍멍."

그런데 주인님은 글쎄, 나더러 짖지 말라는 거 있죠? 세상에, 내 영역에 적이 침입했는데 어떻게 짖지 않을 수 있겠어요? 그건 멍멍이의 명예를 더럽히는 일이라고요.

나는 우체부 아저씨가 와도 짖고, 옆집 아줌마가 놀러 와도 짖고, 산책하다 나보다 작은 꼬맹이를 보면 왕왕왕 짖어서 쫓아버릴 거예요. 나는 힘이 세고 자존심이 강한 멍멍이니까요.

뭐라고요? 그럼 나랑 같이 살기 힘들다고요? 이웃들이 시끄럽다고 불평한다고요? 밤중에 짖어 대면 잠도 못 잔다고요?

끄응, 어떡하죠? 나 때문에 주인님이 이웃들에게 구박받는 건 정말 싫어요. 나도 안 짖도록 노력해 볼게요.

주인님의 친구가 오면 안 짖을게요. 새벽에 들어오는 신문 떨어지는 소리에도 안 짖을게요. 딩동, 벨을 누르고 찾아오는 친구들에게도 안 짖을게요.

하지만 도둑이 오면 짖어야겠지요? 그러니까 나한테 누가 친구인지 가르쳐 주세요. 딩동, 벨이 울린 다음 들어오는 사람한테 내가 짖어 댄다면 "안 돼. 우리 친구야." 하고 단호하게 말해 주세요.

우체부 아저씨한테 짖을 때에도 "안 돼." 옆집 아줌마한테 짖을 때에도 "안 돼." 이렇게 말이에요.

만약 내가 "안 돼."라는 말을 듣고서도 계속 짖는다면 내 주둥이를 살짝 잡아 주세요. 너무 꽉 잡으면 아파서 싫어요.

살짝 잡고 나한테 다시 한 번 "안 돼." 하고 말해 주세요. 그러면 아무리 짖고 싶어도 꾹 참을게요.

이렇게 자꾸 연습하다 보면 '내가 오래 짖으면 우리 식구들이 싫어하는구나.' 라는 생각이 들어서 많이 짖지 않을 거예요.

그런데 내가 짖을 때마다 "안 돼. 안 돼. 안 돼. 안 된단 말이야. 짖지 좀 마. 야아아아, 시끄러워." 하고 나랑 똑같이 소리치지 마세요.

우리 강아지들은 사람 말을 잘 못 알아듣거든요. 만약 주인장이 나보다 크게 소리를 지른다면 나는 그 말을 이렇게 오해할지도 몰라요.

"이겨라! 잘 한다! 우리 멍멍이 잘 짖는다. 파이팅!"

이런 응원 소리로 알고 점점 더 크게, 오랫동안 짖어 대게 될 거예요. 그러니 내게 명령할 때에는 짧고, 단호하게 해 주세요. "안 돼."라고.

Special Story

14 뭐든지 물어뜯고 싶어요

나는 엄청난 이빨을 가지고 있어요. 그래서 닥치는 대로 물어뜯곤 하지요. 우리 멍멍이들은 물어뜯는 것을 무척 좋아해요. 우리가 용감하고 사나운 늑대의 피를 이어받아서 그럴까요?

특히 이가 나기 시작할 때에는 잇몸이 근질거려 참을 수 없어요. 나처럼 집 안에 사는 강아지들은 이 때부터 눈에 불을 켜고 물어뜯을 무언가를 찾아요.

끈이 길게 달린 운동화, 맛있는 냄새가 솔솔 나는 가죽 구두, 기다란 전선, 한 입에 쏙 들어가는 식탁 다리……. 이런 것들을 물어뜯는 순간 얼마나 행복한지 몰라요. 하지만 사람들한테 들키는 날엔 그만!

"입이 근질거려서 그래요. 멍멍."

이렇게 소리를 쳐 봐도 사람들이 도무지 멍멍이 말을 알아듣지 못해요. 내가 물어뜯는 게 싫으면 개껌이나 장난감을 주세요. 아무리 물어뜯어도 야단맞지 않는 물건이 있다면 그것을 물어뜯겠어요. 가끔은 심통이 나서 주인님이 아끼는 물건을 물어뜯고 싶을 때가 있어요. 그럴 때에는 내 스스로 내 마음을 다독이지 못 하니 강제로 무슨 방법을 써 주세요.

▲ 개껌을 물어뜯는 강아지

예를 들면 전선이나 식탁 다리에 물파스를 발라 놓는 거예요. 앙, 물려다 매운 냄새에 깨갱 하며 물러나게요. 만약 내가 화분을 뒤엎고 흙을 먹기를 좋아한다면 화분의 흙 위에 후추를 솔솔 뿌려 주세요. 무심코 다가가 코를 댔다가 깜짝 놀라게요. 그럼 다시는 화분을 괴롭히지 않을 거예요.

▲ 화분 위에 코를 대는 강아지

가장 중요한 것은, 우리가 물고 싶어하는 물건들을 우리 입이 닿지 못 하는 곳으로 치워 주는 거예요. 그럼 서로 화내지 않고 지낼 수 있겠죠?

▲ 전선을 물어뜯는 강아지

15 내가 미친 게 아니에요

가끔씩 나는 이상한 느낌을 받아요. 내 몸 속에 무언가 꿈틀거리며 솟아오르는 느낌! 참을 수 없는 뜨거운 피! 그럴 때면 나도 모르게 격렬하게 뛰기 시작해요.

소파 위로 펄쩍 뛰어 올라갔다 내려오기도 하고, 다다다다 뛰어가서 벽에 머리를 쿵 박기도 하고, 뱅글뱅글 돌기도 하고, 정신 없이 짖기도 해요.

갑자기 사람들한테 달려들어 깜짝 놀라게 만들기도 하고, 온 집안 구석구석을 날쌔게 달리기도 해요. 내가 새가 된 것 같아서 높은 곳에서도 풀쩍, 마음놓고 뛰어내려요.

발이 미끄러져 쿵덕 넘어져도 아픈 줄도 몰라요. 이럴 때에는 내 몸놀림이 얼마나 빠른지 아무도 나를 잡지 못해요.

어린 강아지한테는 보통 하루에 두 번 정도 이런 일이 일어나요. 한 5분 정도 미쳐 날뛰는 강아지처럼 행동하지요. 하지만 미친 게 아니에요. 기분이 무지무지 좋아서 그런 거예요.

이런 기분은 어른이 되면서 점점 없어진답니다. 어떨 때에는 하루에 한 번, 어떨 때에는 일 주일에 한 번. 그런 엄청난 기분을 느끼지요. **어른 개가 되면서 나는 점점 점잖아지고 우아해져요.**
하루 온종일 점잖은 나의 모습에, 주인님도 가끔은 날뛰던 강아지 모습이 그리워질 거예요. 이렇게 말하니 지금부터 참, 슬퍼지는 걸요.

16 목욕하기 싫어요

이게 무슨 일이에요? 목욕이라니요? 이렇게 털이 짧은데 씻을 게 뭐 있어요? 비나 오면 털을 조금 적실까, 물은 딱 질색이에요.

이건 품위 손상이에요. 이렇게 적셔 놓으면 꼭, 물에 빠진 생쥐 같잖아요. 이래봬도 나는 쥐 잡는 사냥개 요크셔 테리어라고요. 우리 조상들은 영국에서 쥐 사냥을 했는데 지금 나는 꼭 생쥐 몰골을 하고 있다고요.

이것 보세요. 나는 털이 없어요. 털 없는 개가 목욕 할 필요가 뭐 있어요? 그냥 물수건으로 살살 닦아 주세요.

모두 목욕을 싫어하는 내 친구들이에요. 내 친구들처럼 **멍멍이들은 대부분 목욕을 싫어해요.** 물론 멍멍이 주인님들한테도 목욕은 쉬운 일이 아니랍니다.

직접 시키자니 신경 써야 할 게 많고, 미용

실에 맡기자면 돈이 많이 드니까요. 일 주일에 한 번씩 목욕을 한다면 그 비용이 어마어마하겠죠?

그런데 멍멍이들은 그렇게 자주 목욕을 할 필요가 없어요. **실내에 사는 강아지라도 한 달에 한두 번이면 충분해요.** 대신 눈곱을 잘 떼 주고, 가끔 세수를 시켜 주고, 똥구멍만 잘 씻어 주면 된답니다.

지나치게 목욕을 자주 시키면 강아지들의 피부를 건조하게 만들어 피부병을 일으킬 수도 있어요.

마당에 사는 멍멍이는 빗질을 자주 해 주세요. 그럼 웬만

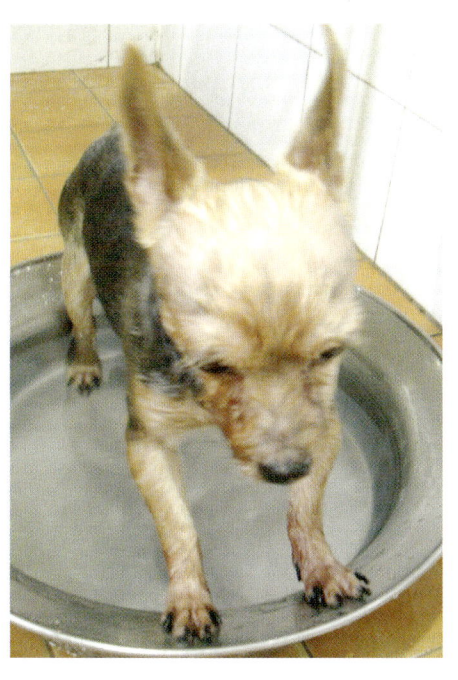 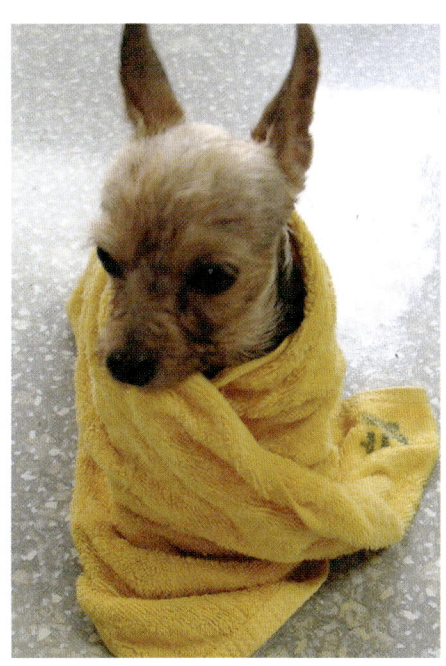

골고루 빗어 주세요.

한 먼지나 더러움은 다 떨어져 나간답니다. 목욕은 도저히 봐 줄 수 없을 만큼 더러워진 다음에 시키면 돼요.

POINT 강아지 목욕하는 방법!

1. 멍멍이를 목욕시키기 전에는 먼저 털을 빗겨 주세요. 아마 빠진 털이 빗에 잔뜩 끼어 나올 거예요.

2. 그 다음엔 솜을 돌돌 말아 귀를 막아 주세요. 강아지는 귀에 물이 들어가면 큰일나거든요.

3. 샴푸는 반드시 멍멍이용을 써야 해요. 사람 샴푸는 강아지들한테 너무 독해요. 멍멍 샴푸에는 털이 긴 강아지용, 짧은 강아지용 등 여러 가지가 있으니까 개의 종류마다 어울리는 것으로 고르면 돼요. 그런데 털이 긴 강아지들은 린스도 같이 쓰는 게 좋아요. 멍멍이 털은 무척 가늘어서 쉽게 엉키거든요.

4. 목욕을 한 다음에는 드라이어기를 이용해 잘 말려 주세요. 바짝 말리지 않으면 감기에 걸릴 수 있으니까요.

편식은 내 취미
Special Story

이게 다 주인님 때문이에요. 여러 가지 양념이 고루 들어간 맛있는 음식을 자꾸 줬잖아요. 고기 반찬도 집어 주고, 생선 살도 발라 주고, 통닭도 뜯어 줬잖아요. 그래서 입맛은 잔뜩 고급이 되었는데 이제 와서 사료만 먹으라니요. 게다가 편식하는 강아지라며 큰 소리로 야단까지 치고요. 어떡하죠? 나는 맛있는 밥을 먹고 싶어요. 멍멍이 사료는 싫어요.

— 배고픈 강아지 뚜뚜 —

오늘 심각한 고민을 호소하는 편지를 받았어요. 배고픈 강아지 뚜뚜가 보낸 것인데요. 사람의 음식을 먹다 보니 멍멍이 밥이 싫어졌대요. 물론 나도 이해할 수 있어요. 예전에 나도 사람 음식을 탐낸 적이 있지요. 철없는 주인님이 자꾸 자기 밥을 권해서 어쩔 수 없이……. 그러다 더 이상 참을 수 없어서 주인님을 교육시켰답니다.

POINT 멍멍이에게 자꾸 사람 음식을 주는 주인 교육법

1. 반드시 식탁에서 밥을 먹어라. 강아지보다 높은 곳에서 밥을 먹어야 한다.

2. 강아지가 음식을 달라고 짖거나 낑낑거려도 절대 쳐다보지 말아라. 강아지와 절대로 눈이 마주치면 안 된다. 정 참을 수 없거든 귀마개를 하고, 눈가리개를 해서라도 강아지를 쳐다보지 말아라.

3. 그래도 강아지에게 음식을 주고 싶거든 집에서는 개가 좋아하는 어떤 음식도 먹지 말아라. 참고로 말하면 강아지가 좋아하는 음식은 소고기, 돼지고기, 닭고기, 고소한 냄새가 나는 튀긴 음식, 생선살, 전, 소시지, 햄 등이다.

4. 강아지에게 김치 조각이라도 주고 싶은 생각이 든다면 차라리 주인이 밥을 굶어라. 며칠 동안 밥을 굶다 보면 배가 고파서 강아지 생각을 할 사이도 없이 허겁지겁 자기 밥만 챙겨 먹게 될 것이다.

5. 그럴 수 없거든 모든 것을 포기하고 개와 한 식탁에 앉아 밥을 먹어라.

이런 방법을 모두 쓴 다음에도 강아지가 주인님의 음식을 먹겠다고 밥을 굶는 경우가 있어요. 배고픈 강아지 뚜뚜처럼요. 그럴 때에는 강아지에게 사료를 준 다음 10분 동안만 기다려 주세요.

10분이 지나도 먹지 않으면 치워 버리세요. 다음 밥 먹을 시간에 또 사료를 주고, 먹지 않으면 또 치우고. 강아지는 삼사 일 정도 굶어도 탈이 나지 않아요.

며칠이 지나면 배가 고픈 강아지는 사료를 맛있게 먹을 거예요.

또 다른 방법으로는 **질투 작전**이 있어요. 다른 강아지를 집에 데려와서 사료를 주는 거예요. 물론 사료를 잘 먹는 강아지를 데려와야겠지요? 그럼 내 집에 와서, 내 주인님에게 밥을 얻어먹는 강아지가 샘이 나서 밥을 잘 먹게 된답니다.

그래도 가끔 **강아지가 사료를 거부한다면 사료를 바꿔 주세요.** 더 영양 많고 고소한 냄새가 나는 사료를 주면 새로운 음식이라고 생각하고 먹을 수도 있어요.

18 멍멍이 밥을 포기한 주인이 할 일

히히히, 내가 이겼어요. 나는 멍멍이 밥이 싫어서 단식 투쟁을 한 뚜뚜예요.

배가 무척 고팠지만 무려 4일 동안이나 밥을 굶었지요. 그리고 불쌍한 눈으로 주인님을 쳐다보았어요. 결국 마음 약한 우리 주인님, 모든 것을 포기하고 나에게 항복을 청해 왔답니다.

승리의 첫째 결과는 소고기 구이. 참 맛있게 먹었어요.

둘째 결과는 닭고기 튀김. 이것 역시 맛있었어요.

그런데 이렇게 고기만 먹다 보니 슬슬 내 건강이 걱정되는 걸요.

사료에는 각종 영양소가 골고루 들어 있는데, 고기는 그렇지 않잖아요. 사료를 안 먹는 강아지도 영양을 골고루 먹을 수 있는 방법을 가르쳐 주세요.

사료를 안 먹는 멍멍이의 밥은 특히 신경을 써 주어야 합니다.

옛날 똥개에게 남은 밥 먹이는 식으로 된장국에 밥을 말아 주면 큰일납니다. 어린 강아지의 경우 영양이 많이 필요해요.

고기를 많이 먹이는 것은 좋지만, 소고기나 돼지고기는 기름기가 너무 많으니 적당히 주세요. 가장 좋은 것이 닭고기랍니다. 닭고기가 가격도 더 싸니 참 다행이지요?

닭고기 기름을 빼고 물에 삶은 다음 약간의 곡식과 섞어 주세요. 뭐, 주인님이 먹는 밥과 섞어 주면 될 것 같아요.

다 자란 멍멍이는 고기보다는 탄수화물을 많이 먹는 것이 더 좋아요. 닭을 물에 푹 삶은 다음 각종 잡곡을 넣어 죽을 끓여 주세요. 나이가 많은 경우에는 고기는 빼고 기름 없는 닭고기 국물에 잡곡밥만 말아 주세요.

그런데 이런 음식을 먹을 경우, 주인님에게 두 가지 문제가 생길 거예요.

첫째, 멍멍이 똥에서 냄새가 많이 나고 물러진다. —그럼 치우기 힘들겠죠?

둘째, 날마다 이를 닦아 주

어야 한다. — 밥이나 죽을 먹을 경우 이빨 사이에 음식물이 많이 끼게 돼요. 그래서 매일 이를 닦아 주지 않으면 금세 이가 썩어 버리고 만답니다.

뭐라고요? 개밥 만들고, 개똥 치우고, 개 이빨 닦아 주느라 하루 해가 짧다고요? 그러게 누가 멍멍이 밥 투쟁에서 지라고 했나요? 귀찮으면 멍멍이에게 사료를 먹입시다!

강아지 간식 만들기

사람들은 몸에 좋은 음식을 찾아 먹고, 몸에 좋은 운동을 찾아 한다지요?

멍멍이들도 몸에 좋은 음식을 좋아해요. 가게에서 산 음식보다 정성이 가득 들어간 집에서 만든 음식을 좋아해요.

하지만 강아지의 먹을거리를 직접 만드는 일은 쉽지 않아요. 개들에게 꼭 필요한 영양소를 생각하고, 까다로운 개의 입맛을 생각하고, 먹을거리를 만들 수 있는 시간과 노력까지 생각해야 하니까요.

하지만 아이에게 사랑과 정성이 담뿍 담긴 음식을 만들어 주는 엄마의 마음만 가지고 있다면 그리 어려운 일도 아니지요. 그래서 멍멍이 간식 만들기 요리법을 소개합니다.

사랑과 정성, 약간의 시간과 건조기만 있으면 누구나 만들 수 있는 멍멍 간식 시리즈.

주인님들! 사랑하는 멍멍이에게 꼭 만들어 줍시다. 멍멍이 간식을 만들 때에는 꼭 엄마와 함께 하세요.

POINT 강아지 간식 - 육포 만들기

준비물 : 닭가슴살, 가느다란 개껌, 건조기

1. 닭가슴살을 준비해요. 강아지들한테는 다른 고기보다 닭고기가 좋아요. 닭고기는 기름기가 적거든요. 그 중에서도 가슴살 부위는 가장 기름기가 적어서 개들이 먹어도 살찔 염려가 적답니다.

2. 닭가슴살을 가느다랗게 잘라요. 소금은 절대 넣지 마세요. 기다랗게 자른 것은 개껌에 돌돌 말고, 조금 두툼하게 자른 것은 넓게 펴 그대로 건조기에 말립니다.

3. 바짝 건조시키면 끝! 반드시 냉동실에 보관하세요.

고추장을 찍어 사람이 먹으면 맛이 끝내 주지만, 멍멍이 간식이니 멍멍이한테 양보하세요.

POINT **강아지 간식 - 과자 만들기**

개들도 비타민이 필요해요. 보통 개들은 아삭한 과일을 잘 먹어요. 하지만 꼬박꼬박 과일을 챙겨 주기 어렵다면 야채가 듬뿍 들어간 과자를 주는 건 어떨까요?

준비물: 야채, 밀가루, 건조기.

1. 냉장고에 들어 있는 자투리 야채를 모두 모읍니다. 당근, 오이, 양배추 등등. 양파, 파, 마늘은 절대 안 돼요.

2. 야채를 잘게 다져요. 밀가루에는 물을 섞어서 반죽을 만들어 놓습니다. 반죽은 약간 되게 하는 것이 좋아요.

3. 밀가루 반죽에 야채를 넣고 잘 섞습니다. 반죽을 수제비처럼 뚝뚝 떼어 납작하게 펴서 건조기에 말립니다.

4. 바짝 마르면 꼭 싸서 냉동실에 보관하세요.

개들이 심심할 때마다 육포와 과자를 하나씩 주세요. 너무 많이 주면 사료를 안 먹게 되니까 적당히 줘야겠지요?

20 집에 혼자 있기 싫어요

원래 멍멍이들은 무리를 지어 살던 동물이에요. 그래서 무리에서 떨어지는 것을 무척 싫어하지요. 하지만 사람들과 같이 살다 보면 어쩔 수 없이 혼자 집을 지켜야 하는 경우가 있어요.

어떤 강아지들은 이 고독한 시간을 잘 견디지만 많은 강아지들이 식구들과 떨어져 혼자 있는 것을 힘들어한답니다.

그래서 사람들이 외출 준비만 하면 쫓아다니며 방해하고 울부짖어요. 주인님은 이런 강아지가 안쓰러워서 외출하기 전에 "안녕, 금방 돌아올게. 조금만 참아. 알았지?"라며 긴 인사를 하지요.

이런 인사를 받으면 우리 강아지들은 "주인님이 나를 버리고 영원히 떠나려는 거야." 이렇게 받아들인답니다. 그래서 외출하는 사람의 발을 붙잡고 떨어지지 않는 거예요.

차라리 인사를 하지 말고 살짝 사라져 주세요. 그럼 주인님이 나간지도 모르고 콜콜 낮잠을 잘 거예요.

찰칵, 자물쇠를 잠그는 소리가 나면 오호호호 하고 늑대 울음소리를 냅니다. 이 소리를 들으면 마음 약한 주인님이 다시 집으로 돌아오고 말아요.

하지만 주인도 학교에도 가고, 직장에도 가고, 친구도 만나야 하지 않겠어요? 그러니 주인님, 강아지가 아무리 울어도 돌아오지 마세요. 익숙해지면 조금 울다가 그치게 된답니다.

교육을 통해 어린 강아지들을 주인이 나가도 울지 않을 만큼 독립적인 존재로 키울 수 있어요. 처음에는 강아지를 집에 두고 잠깐 나갔다가 울기 시작하면 얼른 들어오는 거예요. "괜찮아, 금방 돌아왔잖아." 하고 위로를 해요.

다음 번에는 5분쯤 밖에 있다가 들어오고, 다음 번에는 7분, 이렇게 밖에 있는 시간을 늘려서 교육을 시키면 강아지들은 "주인님이 금방 돌아올 거야." 하고 믿게 됩니다. 그러면 사람들이 외출할 경우에도 울지 않게 돼요. 짖더라도 1~2분 짧게 짖

고 기다리지요.

하지만 어떤 개들은 주인이 돌아올 때까지 울기도 해요. 그럴 경우 다른 강아지와 함께 키우는 게 좋아요. 둘이서 노느라 울지 않게 됩니다.

쓰레기통을 엎는 멍멍이

우리가 쓰레기통을 뒤지는 건 쓰레기가 좋아서 그런 것은 아니랍니다. 혼자 있으니까 심심하기도 하고, 주인님의 감시 아래서 못 해 본 것을 해 보고 싶기도 하지요. 쓰레기통 뒤지는 게 싫으면 쓰레기통에 먹다 남은 빵 조각, 소시지 봉투 같이 맛있는 냄새가 나는 쓰레기를 절대 넣어 두지 마세요.

그리고 쓰레기통을 내 키가 닿지 않는 곳에 올려놓으세요. 그게 가장 좋은 방법이랍니다.

심통을 부리는 게 아니라 외로워서 부리는 말썽이라 생각하고 이해해 주시면 정말 좋겠어요.

똥을 싸는 강아지

외출해서 돌아와서 제일 먼저 밟는 게 강아지 똥이라면 기분이 어떨까요? 몹시 기분이 나쁘다고요? 그럼 집에 빨리 오세요.

개들은 늑대처럼 무리를 지어 사는 동물이었어요. 그래서 집에 혼자 남겨지면, 무리에서 떨어져 혼자 버려진 것 같은 느낌이 든대요. 그래서 개들은 집에 혼자 있는 것을 무척 싫어해요.

게다가 집에 있는 동안 개들이 얼마나 열심히 집을 보는 줄 아세요? 도둑이 오면 어쩌나? 바퀴벌레가 나오면 어쩌나? 집 안 곳곳을 순찰하고, 뒤져 볼 쓰레기통이 없나 보고, 화분 속에 뭐가 들어 있나 뒤집어 보고, 화장지 길이가 얼마나 되나 늘여 보고……. 그래도 주인님이 안 오면 그만 화가 나요. 그래서 주인장이 첫걸음을 딛는 곳에, 또는 아끼는 카펫이나 이불 위에 응가나 쉬를 하기도 해요. 일종의 복수랍니다.

특히 아기 강아지들은 며칠 동안 혼자 두면 정신적인 혼란 상태에 빠져 성격이 이상해질 수도 있어요.

집을 비우는 시간이 길어질수록 멍멍이의 돌발 행동도 예측하기 어렵다는 사실을 잊지 마세요.

21 사람들한테 달려들면 안 돼요

놀아 줘~

나는 어렸을 때부터 주인님한테 달려들었어요. 그 땐 정말 꼬맹이여서 펄쩍 뛰어올라도 겨우 주인님의 무릎에 닿을 정도였지요.

"아유, 귀여워. 뛰었어?"

그 때마다 주인님은 날 안아 주고 볼을 비벼 댔어요. 내가 달려드는 것을 정말 좋아했지요. 그런데 언젠가부터, 정확히 기억은 안 나지만 내 몸무게가 10킬로그램이 넘은 다음부터 같아요.

내가 달려들 때마다 소리를 지르거나 나를 밀치는 거예요. 나에 대한 애정이 식은 줄 알고 나는 슬픔에 빠졌답니다. 그런데 그게 아니었어요.

내가 달려들어 외출복에 발도장을 찍는 게 싫었대요. 갑자기 뛰어들 때면 뒤로 넘어질 뻔했대요. 들고 있던 물을 쏟은 적도 많고요. 그래서 앞으로는 달려들지 않기로 결심했어요.

하지만 사람과 마찬가지로 강아지들도 결심을 실천하는 게 쉽지 않아요. 마음은 '달려들면 안 돼.' 하고 생각하지만 이미 두 발을 주인장의 가슴에 올리고 헥헥대는 내 자신을 발견할 때마다 '나는 정말 의지가 약한 멍멍이로구나.' 하는 생각이 들었어요.

그래서 주인님한테 도움을 구했지요. 주인님은 내가 달려들 때마다 "안 돼." 하고 소리친 다음 내 목걸이를 옆으로 잡아당겼어요. 그럼 내가 균형을 잃고 기우뚱 옆으로 쓰러졌지요.

처음에는 기분이 나빴지만 나중에는 주인님한테 달려드는 버릇이 싹 사라졌어요. 지금도 가끔 주인님한테 달려들고 싶을 때가 있어요. 그럴 때면 주인님이 "앉아." 하고 말해 줘요. 나는 주인님의 명령에 따라 앉느라고 달려드는 것을 깜빡 한답니다.

22 산책할 땐 나를 따라오세요

　산책할 때에는 나를 따라오세요. 내가 주인님보다 훨씬 잘 뛰니까요. 내가 가고 싶은 데로 뛰어가다 마음에 드는 전봇대를 만나면 멋있게 쉬도 할래요.

　목줄도 매기 싫어요. 멋있는 멍멍이가 유치하게 파랑, 노랑 목줄을 매고 다니는 건 정말 창피해요. 나는 펄쩍펄쩍 뛰어가고, 주인님은 헐레벌떡 나를 쫓아오면 얼마나 신나는지 몰라요.

　"멈춰, 같이 가!" 이렇게 소리치는 주인님을 놀려먹는 재미란 해 보지 않은 강아지는 모를 거예요. 그런데 어느 날 내가 먼저 뛰어가다 그만 차에 부딪힐 뻔했지 뭐예요. 얼마나 놀랐는지 다음부터는 아예 걷기도 싫어졌어요.

　한참 시간이 지난 다음, 다시 산책이 좋아졌어요. 사고의 기억도 깨끗이 잊었고요. 그래서 나는 또 주인님을 앞서 달리기 시작했어요. 줄을 팽팽하게 만든 다음 내가 주인님을 끌고 갈 것처럼 앞서 나갔지요. 그러자 주인님이 "안 돼!" 하고 소리쳤어요. "멍멍!" 하고 나도 소리쳤지요. 주인님은 다시 "안 돼." 하더니 갑자기 방향을 뒤로 휙 바꿔 버렸어요.

그 바람에 목줄이 휙 당겨져서 나는 뒤로 벌렁 넘어질 뻔했어요. 나도 지지 않고 방향을 바꿔 또 뛰었지요. 이번에도 주인님은 방향을 휙 바꿔 버렸어요. 나는 또 넘어질 뻔했어요.

그래서 이번에는 걷지 않겠다고 주저앉아 벌렁 누워 버렸지요. 그런데 세상에, 주인님이 꿈쩍도 하지 않고 나를 끌고 가지 뭐예요. 내 등에 흙이 다 묻고, 털도 다 엉키는데 꿈쩍도 하지 않는 거예요.

그래서 내가 어떻게 했느냐고요? 그냥, 뭐 벌떡 일어나서 주인님을 따라 걸어갔지요. 그러다가 심술이 나서 줄을 살짝 내 발에 감았어요. 그럼 주인님이 멈춰 서서 줄을 풀어 줄 줄 알았지요.

그런데 매정한 주인님이 그냥 가는 거예요. "깽깽, 앞발에 줄이 감겼어요." 나는 일부러 세 발로 껑충 뛰기도 하고, 낑낑 소리를 내기도 했는데 돌아보지도 않지 뭐예요. 그래서 불편한 채로 걸었어요.

한참 걷다가 주인님이 꼬인 줄을 풀어 주더라고요. 그러고는 또 아무 일 없었다는 듯이 걷는 거예요.

그런데 그 날 집으로 돌아와 내가 자는데 주인님이 이렇게 속삭이더라고요.

"네가 또 다칠까 봐 그러는 거야. 산책할 때에는 내 뒤를 따라와. 응? 네가 다치면 나는 너무 슬플 거야."

그 다음부터는 그냥 주인님을 얌전히 따라다니고 있어요.

이런 음식은 싫어요 ㉓

Special Story

가장 좋아하는 음식 : 자장면

자주 가는 곳 : 동물 병원

이유 : 자장면에 양파가 들어 있어서

사람한테 맛있는 음식은 멍멍이한테도 맛있어요. 하지만 **먹으면 큰일나는 음식도 있으니까 아무거나 함부로 주지 마세요.**

▷ 멍멍이가 먹으면 큰일나는 음식

망치야, 자장면 먹자!

됐어. 나도 안 먹는 게 있다고.

1. 파, 양파, 마늘 — 파, 양파, 마늘은 무서운 독이 있는 풀이에요. 사람이 먹으면 괜찮지만 멍멍이들은 피오줌이 나올 수 있어요. 파가 가득 든 고깃국도 안 돼요.

2. 초콜릿 — 심장병에 걸리기 쉬워요.

3. 김 — 입천장에 김이 붙으면 떼어 내기 힘들어요.

4. 캐러멜, 떡 ─ 윗니와 아랫니 사이에 캐러멜이 붙으면 입을 벌릴 수가 없어요. 억지로 입을 벌리려고 하면 이빨이 다 빠져 버릴 것 같아요.

5. 아이스크림 ─ 아이스크림은 달콤하고 맛있어서 너무 좋아요. 하지만 많이 먹으면 배탈이 날 수 있어요.

6. 가시 든 생선 ─ 가시가 목에 걸리는 날엔 병원에 가서 수술을 받아야 해요.

7. 오징어 ─ 오징어는 소화가 잘 되지 않아요. 껍질도 주지 마세요.

8. 땅콩 ─ 많이 먹으면 묽은 똥을 쌀 수도 있어요.

9. 포도 ─ 신장에 병이 생길 수도 있대요.

10. 짠 음식 ─ 땀샘이 없으므로 배출이 안 돼요. 심장병에 걸릴 수도 있고요.

11. 꽁치 ─ 지방이 많은 어류는 털을 빠지게 해요.

12. 닭뼈 ─ 안이 비어 있어 날카롭게 부러져요. 부러진 끝이 소화기관을 다치게 하면 목숨이 위험해요.

13. 우유 ─ 먹을 때에는 고소하지만 설사를 할 수 있어요.

나랑 같이 공놀이해요

　나랑 공놀이해요. 공을 멀리 던져 줘요. 내가 가서 얼른 물고 달아날게요. 공을 물고 돌아오라고요? 그럼 빼앗아 가려고 그러죠? 하지만 난 공을 빼앗기고 싶지 않아요.

　어? 내가 공을 물고 달아나도 쫓아오지 않네요. 내 공에 관심 없어요? 이거 정말 멋진 공이에요. 그래도 관심 없다고요? 그럼 안심이에요. 내 공을 빼앗지 않는다면 주인님한테 슬슬 걸어가 내 공을 구경시켜 줄게요.

　내가 공을 물고 가자 주인님이 내 머리를 쓰다듬어 주고 칭찬도 해 주네요. 내가 잘한 게 뭐지? 왜 칭찬을 하는 것일까요? 공을 가지고 다가가서 그런가요?

　나는 다음 번에도 주인님한테 공을 물어다 줬어요. 주인님은 내가 공을 물고 다가가기만 해도 무지무지 기뻐해요. 나 못지않게 공을 좋아하나 봐요.

한 번은 이런 경우도 있었어요. 내가 두 번째로 좋아하는 공을 휙 던지길래 막 쫓아가서 물었는데 글쎄, 내가 제일로 좋아하는 공을 또 던지는 거예요.

나는 물고 있던 두 번째 공을 얼른 주인님 줘 버리고 제일 좋아하는 공을 쫓아갔어요. 그 공을 물고 주인장한테 돌아오는데 이번에는 내가 가장 좋아하는 삑삑이 장난감을 던지잖아요.

나는 물고 있던 공을 또 주인님한테 주고 삑삑이를 물었어요. 이렇게 놀다 보니 공이나 장난감을 나 혼자 물고 달아나는 것보다 주인님한테 물어다 주는 게 훨씬 더 재미있다는 것을 알게 되었어요.

털 좀 빗겨 주세요 ㉕

아유, 꼬질꼬질. 내 털 좀 빗겨 주세요. 긴 털이 다 엉겨서 엉망이 되었잖아요. 왕년에는 나도 공주처럼 멋진 모습이었다고요. **목욕을 한 다음에는 잘 말려서 바로 빗질을 해 주세요.** 나처럼 길고 가는 털은 금속으로 만든 브러시로 빗어야 해요. 군데군데 엉킨 부분은 살살 빗어 풀어 주고

요, 너무 많이 엉킨 곳은 잡아당기지 말고 잘라 주세요. 잡아당기면 너무 아파요. **빗질을 하면 강아지 건강에 좋아요.**

혈액 순환도 잘 되고, 털에 윤기도 나지요. 먼지도 떨어지고, 벼룩 같은 벌레가 생기는 것을 예방하기도 해요.

무엇보다도 사람들을 위해서 강아지 빗질은 꼭 필요하답니다. 빗질을 할 때에 죽은 털이 빠져 나오기 때문이지요. 그러면 집 안에 개털이 날아다니지 않는답니다.

"이런, 우리 강아지는 털이 너무 많이 빠져."

하고 불평을 하지 말고 하루 두 번 빗질을 해 주세요.

털이 짧은 개도 빗질을 해 주세요. 부드러운 짧은 털 전용 빗으로 살살 빗어 주세요. 너무 세게 빗으면 안 돼요. 개의 피부는 무척 약해서 상처가 나기 쉽답니다.

털갈이를 할 때에는 더 자주 빗어 주세요. 보통 개들은 봄, 가을에 털갈이를 한답니다. 이 때 털을 자주 빗어 주지 않으면 집 안에 몽실몽실한 개털 뭉치가 굴러다닐 거예요.

특히 시베리안 허스키, 저먼 셰퍼드 등 털이 이중으로 나는 개들이 털갈이를 할 때에는 털갈이 빗을 이용해 꼼꼼하게 빗어 줘야 해요.

반가우면 쉬해요

Special Story

우리 멍멍이들의 인사법은 사람보다 훨씬 친근해요. 달려들고, 엉덩이 냄새를 맡고, 얼굴을 핥으니까요.

살짝 고개를 숙이거나 손을 잡고 흔드는 사람의 인사법은 정말 정 떨어지는 방법이에요.

그런데 사람들은 멍멍 인사법에 익숙하지 않은가 봐요.

반갑다고 얼굴을 핥아 대면 깜짝 놀라 우리를 밀치고, 엉덩이 냄새를 맡으려고 하면 질겁을 하며 도망가기도 해요. 특히 사람들이 가장 싫어하는 인사법은 바로 쉬하는 것이에요.

어떤 강아지들은 무척 반가운 마음을 표현하느라 질질 쉬를 싸지요. 사실 그 방법은 같은 강아지인 저한테도 썩 반가운 방법이 아니랍니다.

특히 아메리칸 코커 스파니엘 중에는 인사 대신 쉬하는 강아지가 무척 많아요. 이 인사법은 강아지인 내가 생각해도 고쳐야 해요. 잘못하면 옷에 몽땅 개 오줌이 묻을 수 있으니까요.

이런 강아지를 만날 경우 반가워도 절대 아는 척하지 마세요. 반가운 척하면 이미 쉬를 질질 싸기 시작할 테니까요. 그냥 모른 척하고 가만히 두세요.

말도 하지 말고, 쳐다보지도 마세요. 한참 시간이 지나서 멍멍이가 반가운 마음도 흥분도 가라앉으면 그 때 강아지를 따뜻하게 쓰다듬어 주세요. 그리고 이런 강아지의 주인님은 절대 강아지를 엄하게 대하면 안 돼요.

자꾸 야단맞으면 주눅이 들어서 더 자주 쉬를 하게 되니까요. 늘 **칭찬해 주고 자신감을 북돋워 주면 이런 버릇도 없어진답니다.**

강아지도 사춘기가 있어요

아기였다가 어른이 되는 과정은 누구한테나 힘이 드나 봐요. 사람들도 어린이에서 어른이 되는 시기에 사춘기라는 것이 있지요?

몸에도 변화가 일어나고, 마음에도 변화가 일어나지요. 참 얌전하고 착했던 아이도 사춘기가 되면 괜히 짜증을 내기도 하고, 소리를 지르기도 해요. 우리 멍멍이들도 그렇답니다.

내가 9개월쯤 되었을 때였어요. 잘 놀다가도 기분이 우울해지고, 괜히 화가 나기도 했어요. 어제까지는 주인님의 명령을 다 알아들었는데 갑자기 명령을 따르고 싶지 않은 거예요.

그래서 으르렁거리며 주인님의 명령을 거부했지요. 주인님이 "이리 와." 하고 말했는데 일부러 멀리 달아나 버리기도 했고요. 왜 그랬느냐고요? 그 때는 나도 잘 몰랐어요. 하지만 지금 와서 생각해 보니 내가 사춘기였나 봐요.

멍멍이들의 사춘기도 사람과 비슷해요. 갑자기 성격이 사납게 변하기도 하고, 괜히 말썽을 일으키기도 하지요. 멍멍이들의 사춘기 때 암컷 강아지에게는 첫째 발정이 오고, 수컷은 성적으로 성숙되는 시기예요.

이 때가 되면 다른 강아지한테 관심도 많아져요. 예쁜 암컷이나 멋진 수컷에게 반해 무작정 쫓아가기도 해요.

사람이라면 첫사랑 같은 것이지요. 또 내 집에, 내 영역에 침범한 다른 강아지들을 콱 깨물어 주고 싶은 생각도 들어요. 그래서 어제까지 친하게 지냈던 옆집 멍멍이에게 달려들기도 해요.

이렇게 갑자기 변한 모습에 주인님은 당황해요. 하지만 주인님, 인내심을 갖고 기다려 줘요. 사춘기는 금세 지나가니까요.

고양이랑 사이좋게 지낼게요

강아지의 성격이 왜 좋다고 하는 줄 아세요? 다른 동물들과 사이좋게 지내기 때문이죠.

고양이? 좋아요. 고양이랑도 사이좋게 지낼 수 있어요. 몇 가지만 지켜주면요. 먼저 고양이가 나를 할퀴지 않아야 해요. 고양이의 발톱도 짧게 깎아 주세요.

고양이의 화장실 모래는 내가 닿지 않는 곳에 올려놓아 주세요. 나는 이상하게도 똥냄새에 끌리거든요. 고양이 화장실을 뒤지는 모습을 보고 싶지 않다면 화장실을 높이 올려놓고요, 고양이 밥그릇도 높은 곳에 올려놔 주세요.

나도 모르게 고양이 밥을 먹다가 그 녀석한테 뺨을 맞기는 싫으니까요. 게다가 고양이 밥은 너무 기름져서 훔쳐먹고 나면 꼭 무른 똥을 싼다니까요.

토끼? 좋아요. 나는 토끼가 참 귀여워요. 하지만 토끼는 나를 무서

위하는 것 같아요. 나는 토끼를 잡아먹을 생각이 조금도 없는데 말이지요.

하지만 장난은 치고 싶어요. 발로 살살 건드리기도 하고, 이빨로 귀를 살짝 물어 보고 싶어요. 정말이에요. 피가 나게 꽉 물지는 않을 거예요. 하지만 토끼가 나를 너무 겁낸다면 토끼를 토끼장에 넣어 주세요.

새? 흠, 좀 시끄럽기는 하지만 새랑 지내는 일도 문제없어요. 가끔 새장에 앞발을 넣어 모이통을 흔들어 엎고, 새장을 밀어서 뒤집어도 상관없다면 새랑 함께 살게요. 그게 싫다면 새장을 높은 곳에 걸어 주세요.

말이나 양, 돼지와 함께 사는 일도 문제 없어요. 멍멍이들은 성격이 무척 좋으니까요. 하지만 3개월이 채 안 된 어린 강아지들은 큰 동물들한테 밟힐 수 있으니 조심해야 해요. 어린 아기들은 덩치가 큰 동물을 무조건 무서워하잖아요. 저보다 힘이 약해도 말이지요. 3개월이 넘어선 멍멍이들은 누구와도 사이좋게 살 수 있답니다.

문제아 강아지의 엉망진창 하루 29

Special story

아침 일찍 일어나 침대 위에 쉬를 갈겨 주었다. 푹신한 침대 위에서 오줌 누는 일은 언제나 상쾌하다. 축축하게 젖은 침대를 발견한 주인장이 "야! 너 이 녀석!" 하고 달려오는 바람에 아침부터 잘 뛰었다.

역시 아침 운동은 술래잡기가 최고다. 주인장이 아침 먹는 동안 식탁 위의 계란 프라이를 노려보며 무진장 짖어댔다. 결국 참을 수 없던 주인장, 겨우 한 입 먹은 계란 프라이를 고스란히 양보했다. 암, 진즉 그랬어야지.

주인장이 출근하려고 하자 바지 끝을 물고 늘어졌다. 바지 끝에서 투툭 찢어지는 소리가 나고 주인장이 길길이 날뛰자 슬그머니 피했다. 주인장이 없는 집 안은 너무 고요했다.

나는 어제부터 노리던 쓰레기통을 뒤지기 시작했다. 종이 조각, 종이 조각, 화장지, 종이 조각…… 평범한 쓰레기들 속에서 내가 좋아하는 것을 찾았다. 군고구마 껍질.

나는 소파 위로 군고구마 껍질을 가지고 올라가서 먹기 시작했다. 소파에 시커먼

검댕이 묻었지만 상관 없다. 어차피 빨래는 주인장이 할 일이니까.

한참을 먹고 뒹굴어도 주인장이 안 왔다. 나는 현관 앞으로 가서 흰 구두 위에 고개를 올리고 엎드렸다.

그냥 엎드려 쉬려고 했는데 솔솔 가죽 냄새가 입맛을 돋우었다.

'한 번 맛이나 볼까?'

구두는 좀 질겼지만 지루한 시간을 보내기에는 딱 좋았다. 하루를 이렇게 얌전하고 심심하게 보내는 동안 시간은 똑딱똑딱 흘렀다. 딸가닥, 주인장이 현관문 열쇠를 여는 소리가 났다.

"멍멍멍멍. 어서 와요, 멍멍멍."

나는 있는 힘껏 소리를 질렀다. 주인장이 들어오자마자 펄쩍 뛰어오르고 안아달라고 소리를 쳤다. 나를 안아 올리자 주인장의 얼굴에 내 사랑이 가득 담긴 침을 묻히며 뽀뽀를 했다. 그때였다. 갑자기 주인장이 나를 내던지고 방 안을 살피기 시작했다.

"야아아아. 너, 이 구두, 소파, 쓰레기통까지 뒤졌네. 야! 너, 혼 날래?"

주인장이 신문지를 말아들고 나를 쫓아왔다. 저녁 운동으로 또 술래잡기를 하려는 모양이었다. 오늘도 주인장이 술래다. 나는 마음껏 달아났다. 주인장은 힘껏 쫓아왔다.

아! 오늘 하루도 뿌듯하게 보냈다. 술래잡기가 끝나면 맛있는 저녁을 먹고 주인장 침대에 누워 늘어지게 자야지.

모범생 강아지의 평범한 하루 ㉚

Special Story

우리 주인님은 나를 무척 좋아해요. 그래서 내가 주인장의 침대에서 자기를 바라지요.
그래서 내가 점잖게 타일렀어요.
"주인님, 개는 개집에서, 사람은 사람 침대에서 자는 게 건강에 좋아요. 멍멍."
대신 나는 아침에 일어나 먼저 화장실에서 쉬를 한 다음, 주인님을 깨워요. 우리 주인님, 내가 깨우지 않으면 늦잠을 잔답니다.
"일어나요. 출근 시간 늦어요, 멍멍."

주인님이 밥을 먹은 다음 사료를 주면 나도 맛있게 먹고, 출근하는 주인님을 얌전히 배웅해요.

주인님이 없는 동안 집 안 구석구석을 다니며 문제가 없는지 살펴요. 혹시 나쁜 사람이 침입한 흔적은 없는지, 주인님이 싫어하는 바퀴벌레가 돌아다니지는 않는지, 만약 바퀴벌레를 만나면 앞발을 휘둘러 한 번에 잡아 버리죠.

똥이 마려우면 화장실에 누고, 햇빛 잘 드는 창가에 엎드려 낮잠을 자요.

기분 좋게 잔 다음에는 개껌을 물어뜯기도 하고, 삑삑이 장난감으로 연주도 해요. 그렇게 기다리다 지칠 때쯤이면 주인님이 돌아오지요.

철커덕, 열쇠 돌리는 소리가 들리면 기다렸다가 멍멍, 짧게 짖어요.

큰 소리로 오래 짖으면 이웃들이 싫어하거든요. 주인님은 옷을 갈아입고 내 목에 줄을 채워요. 지금부터 즐거운 저녁 산책 시간이에요. 나는 주인님의 한 걸음 뒤를 따라 걸어요. 막 뛰고 싶을 때도 있지만 이야기를 나누며 천천히 걷는 것이 더 좋아요.

가끔 운동장처럼 넓은 곳에 나를 풀어 주면 그 때는 마음껏 뛰어요. 돌아와서는 따뜻한 물로 목욕을 해요. 물에 젖는 것은 싫지만 더러운 몸으로 잠자리에 드는 것은 더 싫으니까요.

몸을 말리느라 사용하는 드라이어기의 윙 소리도 무섭지만 꾹 참아요. 젖은 몸으로 자면 집이 다 젖잖아요. 몸을 다 말리고 얌전히 빗질을 한 다음, 저녁 식사를 먹고 함께 텔레비전을 보다가 각자의 침대에서 잠이 들어요. 꿈 속에서 만나요, 주인님.

피부병에 걸렸어요

어느 날 갑자기 온몸이 가려웠어요. 나는 깜짝 놀랐지요. 목욕도 싫어하고, 털을 빗는 것도 싫어했지만 온몸이 가려울 정도로 지저분한 상태는 아니었거든요.

발톱을 잔뜩 세워 귀를 긁었어요. 제일 가려운 곳이 귀였거든요. 나만 그런 게 아니었어요. 주인님도 온몸을 긁기 시작했어요.

혹시, 주인님한테서 이가 옮아 온 것이 아닐까요? 나는 주인님을 노려보았어요. 그런데 주인님도 나를 노려보며 똑같은 생각을 하는 거 있죠? 나한테 벼룩이 옮았다나 뭐라나? 그러면서 나를 동물 병원으로 데려갔어요.

"피부병의 하나예요. 심한 건 아니니까 걱정 마세요."

이걸 어쩌나? 내가 피부병이라는 거예요. 그것도 사람한테도 옮기는 피부병에 걸렸대요. 내가 지저분해서 걸린 것은 아니고요, 나도 다른 개한테 옮은 거래요. 그러고 보니 며칠 전 산책길에 만난 바둑이한테 옮은 게 아닌가 하는 생각도 들었어요.

바둑이를 만난 다음부터 가렵기 시작했거든요. 다행히 주인님은 며칠만 가렵고, 저절로 나을 거래요. 나는요, 약도 먹고 주사도 맞고, 약으로 목욕도 해야 한대요.

약으로 목욕을 하는 일은 정말 싫었어요. 고약한 냄새가 나는 미끈거리는 물약에 몸을 담가야 했거든요.

주인님도 이 물약이 싫었나 봐요. 나를 목욕시킬 때면 늘 맨손으로 했는데, 세상에 물약을 발라 줄 때만은 고무 장갑을 끼는 거 있죠?

"서운해요, 왈왈왈."

내가 소리쳤지만 들은 척도 안 했어요. 약 먹는 것은 더 싫었어요. 알약은 목에 걸려서 싫고, 물약은 맛이 이상해서 싫고, 가루약은 쓴 가루가 날려서 싫어요. 나는 입을 꾹 다물고 약을 안 먹겠다고 버텼어요. 그래서 내가 약을 먹었게요, 안 먹었게요?

멍멍이 속여 약 먹이는 방법

Special Story

약은 꼭 먹어야 하는 것인가 봐요. 내가 스스로 약을 안 먹으니까 주인님이 별별 속임수를 다 쓰더군요.

▷ 알약

알약의 겉에 고소한 버터나 달콤한 꿀을 발라 줬어요. 치즈에 싸서 주기도 했지요. 처음에는 맛있는 과자인 줄 알고 얼른 받아먹었는데 나중에 쓴 약이라는 것을 알았어요. 그래서 다음부터는 입을 꾹 다물었지요.

주인님은 내 입을 벌리고 강제로 목구멍 깊숙이 약을 넣은 다음, 손으로 목을 쓸어 내리는 거예요. 그랬더니 신기하게도 약이 쑥 넘어갔어요. 솔직히 쓴지도 잘 몰랐어요.

▷ 가루약

가루약은 정말정말 싫어요. 가루가 폴폴 날려서 재채기가 나올 것 같아요. 내가 하도 싫어하니까 주인님이 묘책을 쓰지 뭐예요. 끈적끈적한 꿀이나 잼을 가루약과 섞어 반죽을 만드는 거예요. 그리고 그 반죽을 내 코에 붙였어요.

그게 뭐가 문제냐고요? 원래 멍멍이들은 코에 무엇인가 붙어 있으면 참지 못해요. 혀로 낼름낼름 핥아서 코를 청결하게 만들어야 한답니다.

아무리 쓴 약이 붙어 있어도 말이죠. 어쩔 수 없이 나도 꿀약 반죽을 낼름낼름 핥아 코를 깨끗하게 만들었어요. 그 바람에 약도 다 먹어 버렸지요.

▷ 물약

물약은 약 중에서도 제일 싫어요. 내 입술 한쪽을 강제로 벌려서 집어넣는데, 약이 너무 쓰면 내가 입을 쫙 벌려 버려요.

그럼 약이 바닥으로 다 쏟아진답니다. 그리고 나는 엉덩이를 한 대 얻어맞아요.

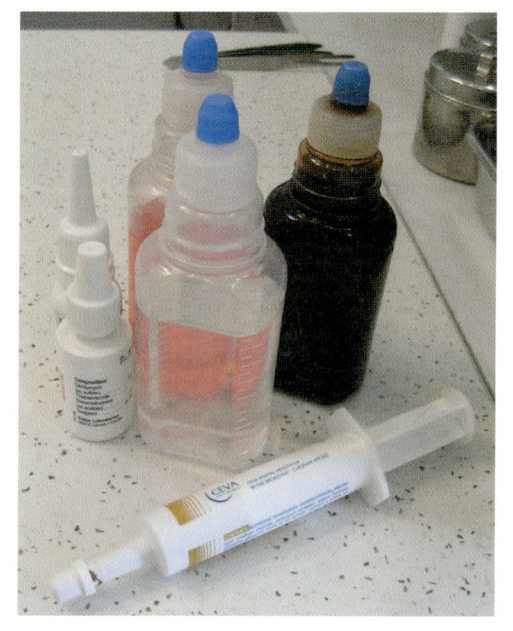

"이 녀석아, 약 먹기 싫으면 아프지 마."

가끔은 가루약에 물을 타서 주사기에 넣은 다음 물약 먹이는 방법으로 먹이기도 해요. 솜씨 좋은 주인님은 이빨 사이에 주사기 꼭지를 집어넣은 다음 목구멍까지 쑤욱 약이 내려가도록 만들어 주거든요.

일 주일 넘게 약을 먹고 병원에 가고, 약 목욕을 한 다음 나는 깨끗이 나았어요. 그리고 맛있는 새 영양제를 선물로 받았어요. 피부병으로 건조해진 내 몸에 좋은 영양제래요. 고소해서 정말 좋았어요.

33 길을 잃었어요

"멍멍이 주인을 찾습니다."

특징 : 털이 곱슬곱슬한 누런
코커 스패니얼
발바닥에 하얀 반점이 있음.
잃어버리신 분은 멍멍
동물 병원으로 연락 바랍니다.

가끔 길 잃은 개들을 만나면 마음이 너무 아파요. 실수로 주인과 헤어진 강아지들에게는 그 자리에 꼼짝 말고 있으라고 말하죠.

주인이 금방 찾으러 올 테니까요. 하지만 겁에 질린 강아지들은 집을 찾겠다고 여기저기 돌아다니다 정말 집과 멀어져 버려요. 이럴 땐 우리 주인님한테 부탁해요.

"저 멍멍이를 가까운 동물 병원에 데려다 주세요."

대부분 강아지를 잃어버리면 주인이 동물 병원으로 찾아오는 일이 많거든요. 운 좋게도 그 강아지가 다니던 동물 병원에 맡겨질 가능성도 있고요. 그리고 주인님과 나는 멍멍이 찾기 전단지를 만들지요.

가까운 곳에 전단지를 돌리고 근처 동물 병원, 애견 센터에도 돌려요. 전봇대에도 여러 장 붙여 두어요.

전봇대에 쉬하려던 동네 멍멍이가 소문을 낼 수 있도록 말이에요. 만약 길 잃은 강아지가 주인을 찾지 못하면 구청에서 멍멍 고아원으로 보낸답니다. 멍멍 고아원에서는 주인이 찾아오지 않는 강아지들을 새 주인에게 입양시켜 줘요. 하지만 아무도 데려가지 않는 강아지들은 안락사를 시키기도 한답니다.

그러니 소중한 강아지들을 절대 잃어버리지 않아야 해요. 강아지를 잃어버리지 않으려면 반드시 목줄을 해야 해요. 목줄에는 이름과 연락처를 적어 둬서 혹시 잃어버리더라도 주인을 쉽게 찾을 수 있게 해야 해요.

요즘은 몸에 작은 마이크로 칩을 넣기도 해요. 칩을 읽으면 주인이 누구고 어디 사는 개인지 금방 알 수 있어요. 이 마이크로 칩은 동물 병원에서 넣을 수 있어요. 칩이 워낙 작아서 몸에 넣어도 조금도 아프지 않대요.

34 야외에서 강아지를 괴롭히는 것들

밖에서 사는 멍멍이들이나 야외로 놀러 간 멍멍이들은 뜻밖의 위험을 만나기 쉬워요. 그 중 **가장 위험한 것이 바로 벌레들의 공격**이랍니다.

커다란 멍멍이가 제 발톱보다 작은 벌레를 무서워하냐고요? 칫, 무서워하는 게 아니에요. 위험하니까 그냥 피하자는 거지요.

벌레들 중에서도 가장 작고 위험한 것은 **진드기**예요. 진드기는 무서운 병을 전염시킬 수 있기 때문이에요. 진드기를 발견했다면 당장 떼어 내고 멍멍이 몸에 다른 이상이 없는지 살펴야 해요.

벼룩도 귀찮은 존재예요. 벼룩은 강아지를 보면 친하게 지내자며 자꾸 따라온답니다. 하지만 일단 강아지의 몸에 붙으면 피를 빨아먹어서 미치도록 가렵게 만들어요.

특히 집 안에서 사는 멍멍이는 산책에서 돌아오면 목욕을 하거나, 촘촘한 빗으로 털을 빗어 벼룩이나 진드기를 떼어 내야 해요.

마당에 사는 개의 경우 벼룩 쫓는 목걸이를 걸거나 스프레이를 뿌리는 것이 좋아요. 모기도 위험한 존재예요. 모기에 물리면 가렵기도 하지만 심장사상충이라는 무서운 병에 걸릴 수 있거든요.

여름에는 모기향을 피우거나 약을 뿌려서 모기를 쫓고, 조금 비싸지만 **심장사상충 예방약을 꼭 먹어야 해요.** 이미 심장사상충에 감염된 개에게 약을 먹이면 더 위험할 수도 있으니 약을 먹기 전에는 꼭 혈액 검사를 먼저 해야 해요.

벌도 무시무시한 존재예요. 하지만 벌은 자신을 괴롭히지만 않는다면 쉽게 쏘지 않아요. 혹시 통통한 줄무늬 벌레가 날아다닌다면 귀엽다고 만지지 마세요. 통통한 파리라면 괜찮지만 벌이라면 빵 쏘아 버릴 거예요. 얼마나 따갑고 아픈지 몰라요.

만약 벌에 쏘였을 경우 핀셋으로 침을 빼내고 암모니아수를 발라요. 작은 강아지가 목에 쏘였을 경우에는 질식할 수도 있으니 얼른 동물 병원으로 데려가세요.

35 벌은 안 받을래요, 상만 주세요

나는 벌 받는 게 싫어요. 만날 상만 받았으면 좋겠어요. 내가 좋아하는 상은 주인님의 부드러운 목소리예요.

"아유, 참 잘했다."

이런 말을 들으면 쉬도 꼭 화장실에만 하고 싶고, 쓸데없이 짖는 것도 재미없고, 쓰레기통 뒤지는 말썽도 피우기 싫어져요. 다음으로 좋은 것은 맛있는 간식이에요.

"잘했어. 자, 치즈."

주인님이 치즈를 주며 칭찬을 하면 기분이 정말 좋아요. 사실은 부드러운 목소리보다 더 좋아요. 멍멍.

내 머리를 살살 쓰다듬어 주거나 안아 주는 것도 좋아요. 움직이는 것을 좋아하는 멍멍이라면 함께 공놀이하는 것도 엄청난 상이랍니다. 하지만 벌은 싫어요. 뭐든지 다 싫어요. 아무 데나 쉬했다고 소리치는 벌이 제일 싫어요. 주인님이 소리치면 난 더 반항하고 싶어진답니다.

신문지 돌돌 말아 맴매 만드는 것도 싫어요. 돌돌 만 신문지로 바닥이나 벽을 치며 나를 놀라게 하면 난 늘 다짐해요.

'저 신문을 나 물어뜯고 말 거야.'

그래서 주인님이 없는 틈을 타서 그 맴매를 질근질근 씹고 찢어서 걸레를 만들어 버리지요.

시끄러운 깡통도 싫어요. 나를 교육시킨다며 깡통을 흔들지요? 물론 난 깜짝 놀라 주인님이 싫어하는 일을 하지 않아요. 하지만 깡통처럼 둥근 모양만 봐도 화가 나거나 움츠러들어요.

그러니 주인님, 멍멍이 교육은 늘 칭찬과 상으로 해 주세요. 그럼 일등으로 말 잘 듣는 멍멍이가 될게요.

36 운동화 어디다 숨겼게요?

쉿! 따라오지 말아요. 내 비밀 장소로 가는 중이라고요.

주인님한테 들키면 안 돼요. 어떤 비밀 장소냐고요? 나만의 보물을 숨겨 놓은 곳이에요. 바로 피아노 밑이에요. 주인님이 피아노 밑에 스펀지를 잔뜩 쌓아 두었어요. 피아노 소리가 이웃집까지 울리지 말라며 그런 것이지요. 나는 거기가 참 좋아요. 주인님이 없을 때면 스펀지 위에서 뒹굴고 놀다가 그 곳에 나한테 소중한 물건들을 모아 놓는답니다. 한번 볼래요?

어때요? 정말 멋지지요? 모든 멍멍이들한테는 비밀 장소가 하나씩 있어요. 집 안에 사는 뽀삐는 베란다 한쪽에 비밀 장소를 만들었대요.

사람들이 잘 들여다보지 않는 곳에 맛있는 간식이랑 개껌, 장난감, 주인님

몰래 훔친 인형 등을 모아 두면 기분이 참 좋아진대요.

너무 깔끔하게 청소하는 주인님과 같이 사는 호롱이는 화분이 비밀 장소예요. 커다란 화분에 주인님이 신고 버린 양말을 살짝 올려놓으면 절대 눈치 못 챈대요.

마당에 사는 진돌이는 제 집 뒤 화단이 비밀 장소래요. 진돌이는 땅을 파서 뭐든지 묻어 두는데요, 지난번에 맛있는 빵을 묻어 두었대요. 그런데 며칠 뒤 파 보니 누가 빵을 훔쳐가 버렸다지 뭐예요. 진돌이는 주인이 훔쳐 갔다고 생각하지만 내가 보기에는 상해서 없어져 버린 것 같아요.

비밀 장소에는 상하는 음식은 숨기지 않는 게 좋아요. 고약한 냄새가 나면 주인님한테 들키기 쉬우니까요.

멍멍이의 비밀 장소는 가끔 사람들한테 습격을 받아요. 멍멍이들이 주인님이 아끼는 물건까지 숨겨 놓는 경우가 많거든요.

"어? 내 인형이 어디 갔지?"

앗! 주인님이 눈치챘나 봐요. 아침에 주인님의 인형을 살짝 물어다 비밀 장소에 숨겨 놓았는데……. 얼른 가서 주인님의 건망증을 의심하라고 얘기해야겠어요. 절대, 내가 가져간 게 아니라고요.

37 훔치는 게 아니에요

멍멍이들은 호기심이 참 많아요. 그래서 주인님이 문을 꼭꼭 닫아 놓거나 숨겨 놓은 물건들을 꼭 찾아 내려고 하지요.

장롱 속에는 무엇이 들어 있을까? 주인님이 문을 꼭꼭 닫아 놓으니 무척 궁금했어요.

어느 날 나는 주인님이 외출한 틈을 타 몰래 장롱으로 들어가 보았지요. 내가 좋아하는 양말, 벗어 둔 티셔츠, 수건. 가지고 놀 게 너무 많았어요. 그래서 장롱을 뒤져 마음에 드는 물건을 하나씩 가져왔어요. 처음에는 조금만 가지고 놀다가 돌려 줄 생각이었어요.

식탁 위에도 마음에 드는 음식이 너무 많았어요. 갓 지져낸 전, 땅콩 버터 바른 식빵, 종이를 뜯어 놓은 초콜릿.

나는 주인님 몰래 의자에 올라가 앞발을 길게 뻗은 다음 식탁 위의 음식들을 조금 가져왔어요. 물론 처음에는 아주 조금만 나눠 먹을 생각이었지요.

하지만 음식이 너무 맛있어서 자꾸 집어먹었고, 장롱 속의 물건들도 마음에 쏙 들어서 하나씩 내 비밀 장소에 옮겨 놓기 시작했어요. 그러자 내 행동을 귀엽다고 여기던 주인님이 어느 날부터 화를 내기 시작했어요.

"야! 왕망치. 이 못된 강아지야. 내 양말 어디다 숨겼어? 또 내 화장품을 가져간 거야?"

아이, 시끄러워. 주인님이 또 고래고래 소리를 지르는군요.

주인님은 소리만 지르는 것으로 끝나지 않았어요. 장롱 위에 깡통까지 올려놓있지 뭐예요. 그래서 내가 코로 슬쩍 장롱을 열려고 하면 문 위에 놓여 있던 깡통이 떨어져 쨍그랑 소리를 냈어요.

나는 깜짝 놀랐지요. 원래 멍멍이들은 큰 소리를 싫어하거든요. 식탁 위에 구워 놓은 토스트가 있길래 손을 뻗었어요. 그러자 쨍그랑 깡통이 또 떨어졌어요. 주인님이 날 놀라게 하려고 깡통을 설치한 게 분명해요. 아이, 속상해라. 하지만 깡통 소리가 어찌나 요란한지 나는 주인님 물건에 손을 대는 일을 그만 포기하고 말았답니다.

Special Story

38 강아지가 생각하는 멋진 주인은?

사람들은 자기가 원하는 강아지에 대해 떠들어 대요.

"사람을 보고 짖지 않았으면 좋겠어."

"밥을 잘 먹었으면 좋겠어."

"털이 길고, 눈이 더 컸으면 좋겠어."

"혼자서도 잘 놀았으면 좋겠어."

"건강하고 씩씩했으면 좋겠어."

"화장실에서 일을 보고 물을 내렸으면 좋겠어."

"제 손으로 세수를 했으면 좋겠어."

"말이 통했으면 좋겠어."

"집을 잘 지켰으면 좋겠어."

"발톱을 혼자 깎았으면 좋겠어."

"혼자서 산책을 하고 집을 찾아 돌아왔으면 좋겠어. 저 혼자 현관문도 열면 얼마나 좋을까?"

멍멍이들도 만나기만 하면 주인님이 이런 사람이었으면 좋겠다고

떠들어 대지요.

▷멍멍이가 원하는 멋진 주인장

1. 시간 맞춰 밥을 잘 주는 주인 : 일요일엔 늦잠 자느라 밥을 늦게 주면 싫어요.
2. 산책을 잊지 않는 주인 : 추워서, 비가 와서, 피곤해서 산책을 빼 먹으면 싫어요.
3. 목욕을 잘 시키는 주인 : 귀에 물이 안 들어가게, 눈에 샴푸가 안 들어가게 잘 씻겨 주세요.
4. 상을 잘 주는 주인 : 벌 대신 상으로 교육시켜 주세요.
5. 잘 놀아 주는 주인 : 혼자 있기 싫어요. 매일 삼십 분 이상 나한테 시간을 내 주세요.
6. 잘 때 괴롭히지 않는 주인 : 피곤할 때 건드리면 싫어요.
7. 끝까지 함께 하는 주인 : 내가 아파서 병원비가 많이 들어도, 늙어서 함께 놀 수 없어도 끝까지 함께 하는 사람이 내 주인님이 었으면 좋겠어요.

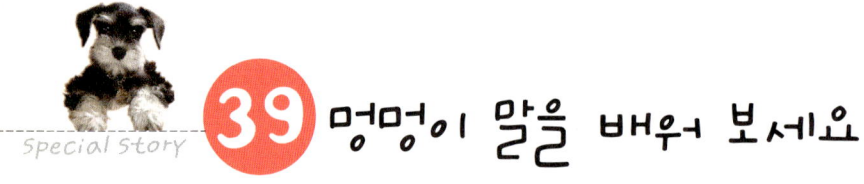

39 멍멍이 말을 배워 보세요

사람의 말은 너무 심심해요. 입으로만 하니까요. 게다가 나라마다 말이 다르다면서요?

저런, 지구는 모두 한 가족인데 나라마다 다른 말을 쓰니 얼마나 불편하겠어요? 영어 공부하랴, 중국어 공부하랴, 우리말 공부하랴. 사람들은 참 피곤하게 살아요.

하지만 우리 멍멍이들의 말은 재미나고, 다양하고, 전 세계 멍멍이들이 다 알아들을 수 있어요. 정말 멋지지요?

멍멍이들도 사람처럼 소리로 말하기도 해요. 끙끙 소리를 내어 불편함을 호소하고, 멍멍 짖어 반갑다고 인사하고, 으르렁거려 화났다는 것을 알리지요.

소리로 하는 말은 멍멍이 말 가운데서도 아주 기본적인 것이에요. 이렇게 소리로 하는 말은 아주 섬세해서 개들끼리는 잘 알아듣지만 사람들은 잘 못 알아듣는 것 같아요.

사람들한테는 비슷한 으르렁거림으로 들리는 소리도 사실은 단순한 경고와 금방 물어 버리겠다는 위협이 있는데, 이것을 구별할 줄 아는 사람들은 많지 않거든요.

멍멍이 말에는 또 몸말이 있어요. 꼬리로, 귀로, 똥으로 말을 하지요. 아플 때에는 제일 먼저 똥으로 말을 해요.

하지만 사람들은 똥을 싫어해서 도무지 똥말을 이해하려 하지 않아요. 똥말을 이해하려면 자세히 살펴보고 냄새도 맡아 보아야 하는데 얼른 버리지요. 똥이 뭐 더럽나요?

우리 강아지들끼리는 엉덩이 냄새를 맡아서 서로의 기분과 건강 상태를 알아차리는 데 말이에요.

친구와 연락을 취할 때에는 전봇대에 싸서 오줌말로 전해요.

"오늘은 참 심심했어. 답장 남겨 줘."

산책하다 전봇대에 남겨진 친구의 메시지를 맡으면 답장으로 오줌을 찍 뿌려 줘요.

"나도 심심했어. 내일 산책 중에 꼭 만나자."

몸 전체와 표정으로 하는 말도 멍멍이들 사이에서는 잘 통해요. 기분이 좋을 때에는 엉덩이를 들고 꼬리를 살랑살랑 흔들어요. 이럴 때에는 입꼬리를 올리며 활짝 웃어요. 꼭 놀자고 조르는 아이처럼요.

무서울 때에는 몸을 최대한 작게 만들어요. 귀를 뒤로 눕히고 꼬리를 엉덩이 사이에 끼워요.

완전히 포기했을 때에는 배를 보이고 드러누워요. 주인님한테 애교를 부릴 때에도 발랑 드러누워요.

화가 나면 입술을 올리고 이를 드러내며 낮은 목소리로 으르렁거려요. 꼬리를 잔뜩 세우고 털을 바짝 세워 공격 준비를 해요.

함께 여행을 떠나요 ④⓪

Special Story

나는 여행이 좋아요. 모두 잘 알겠지만 멍멍이들은 넓은 들판을 누비던 늑대의 후손들이잖아요. 좁은 방 안, 좁은 마당보다 넓은 곳이 좋아요. 가까운 공원으로 소풍을 가는 것도, 차를 타고 멀리 나가는 것도 참 좋아요. 하지만 나와 여행을 할 때에는 준비할 게 참 많아요.

▷ 강아지와 함께 외출할 때 꼭 필요한 것

물통, 멍멍이 밥, 똥 봉지, 휴지, 멍멍이가 편히 쉴 이동용 케이스, 만약을 대비한 멀미약.

차를 탈 때 — 절대 나를 트렁크에 넣지 말아요. 나는 짐이 아니라 살아 있는 생명체이니까요. 앞좌석도 싫어요. 쌩쌩 달리는 자동차를

보면 흥분해서 운전사에게 달려들지 몰라요. 절대 내 몸에 안전띠를 채우지 마세요. 내가 움직이다가 목이 조일 수도 있으니까요.

내가 좋아하는 이동용 케이스 안에 넣어 뒷좌석 바닥에 두세요. 주인님도 함께 뒷좌석에 앉으면 좋으련만 운전을 해야 한다면 어쩔 수 없지요. 나 혼자 차에 두고 내리지 말아요. 쨍쨍 내리쬐는 햇볕 아래에서 차 안은 너무 더우니까요. 어쩔 수 없이 나 혼자 차에 두고 내릴 때에는 창문을 조금 열어 주세요. 그리고 차를 그늘에 주차해 주세요. 그리고 빨리 돌아오세요.

대중 교통을 이용할 때 — 나는 기차나 지하철을 탈 수 없어요. 이동용 케이스 안에 들어가 조용히 있을 수 있는데 법으로 타지 못하게 했대요. 이건 불공평해요. 나도 기차와 지하철을 타고 여행을 가게 해 주세요. 택시나 버스는 탈 수 있어요. 하지만 이동용 케이스 안에 들어가야 해요. 다른 사람에게 방해가 되지 않도록 노력할게요.

비행기를 이용할 때 — 나는 비행기를 타고 주인님과 함께 여행할 수 있어요. 하지만 크기가 너무 큰 개들은 비행기의 짐칸에 타야 해요. 멍멍이들은 비행기를 탈 때 차비를 내야 해요. 하지만 좌석을 배정받을 수는 없답니다. 이동용 케이스 속에서 주인님의 발 아래 앉아 있어야 해요.

비행기가 어떻게 생겼는지 구경하고 싶지만, 기내에서는 밖으로 나올 수가 없어요.

Special Story

41 무서워 말아요, 사실 나 굉장히 재미있는 개예요

내가 너무 커서 무섭다고요? 천만에요. 덩치 큰 멍멍이들이 작은 멍멍이들보다 훨씬 순하고 귀엽답니다. 덩치는 무척 크지만 내 친구들도 다 착하고 순해요.

날 곰으로 보지마!

차우 차우 — 나는 멍멍이에요. 곰이라고 오해하지 말아요. 차우 차우라는 멋진 이름을 가진 중국 개예요. 내 혓바닥은 보라색이에요. 보라색 혀는 시베리아 늑대의 혀와 비슷하지요. 그래서 날더러 늑대와 닮았다고 말하기도 해요.

덩치가 커서 무서워 보이나요? 목부터 등까지 털이 곤두서서 그래요. 한 번 쓰다듬어 보세요. 생각보다 작죠? 표현을 잘 안 하지만 난 사람들을 참 좋아해요.

마스티프 — 난 100킬로그램이 넘어요. 모두들 나를 무서워하지요. 하지만 내 얼굴을 봐요. 이게 무서운 개의 표정인가요? 나처럼 눈이 축 처진 개들은 원래 무섭지 않아요. 난 애교 많고 재미난 개랍니다.

나는 곰, 사자, 코끼리와 싸워서도 이길 수 있을 만큼 힘이 세지만 특별한 경우를 제외하곤 화를 내지 않아요.

세인트 버나드 — 나는 정말 평화주의자예요. 옛날부터 스위스 산악 지방에서 눈에 빠진 사람들을 구출했어요. 요즘에는 어린이들의 보모 역할도 하고 있어요. 난 어린애들을 좋아하고 성격도 차분해서 보모가 적성에 잘 맞아요. 어린이들이 100킬로그램이 넘는 거대한 내 몸집을 무서워하지만 않는다면요.

셰퍼드 — 날씬한 몸매, 커다란 몸집, 쫑긋 솟은 귀, 특히 빛나는 내 눈동자 때문에 아이들은 나를 무서워해요. 하지만 그건 내 성격을 모르는 거예요. 나는 주인님한테 절대 충성하는 마음을 가졌답니다.

"내가 네 주인이야. 날 보호해 줘." 이 한 마디면 나는 주인님을 위해 별이라도 따다 드린답니다.

Special Story

42 아기와 강아지가 함께 살 수 있을까요?

아기와 강아지가 함께 살 수 있을까요? 답은 "물론이지요."와 "함께 살 수 없어요." 두 가지 모두랍니다. 왜 답이 두 개냐고요? 어른들이 어떻게 하느냐에 따라서 함께 살 수 있기도 하고, 아니기도 하지요.

갓 태어난 아기는 강아지의 손이 닿지 않는 곳에 두는 것이 좋아요. 아기 침대 같은 곳에요. 보통 멍멍이들은 자기 집에서 태어난 아기에게 호기심을 갖는답니다.

그 때마다 "저리 가!", "위험해." 하고 멍멍이를 밀쳐 내지 말고 친해질 기회를 주세요. 멍멍이가 아기도 같은 식구라는 것을 알게 되면 아기를 보호하려 할 테니까요.

실제로 세인트 버나드 같은 개들은 아이들한테 무척 든든한 보모 노릇을 한답니다. 하지만 아기들이 어느 정도 자랄 때까지 아기와 개를 단둘이 두는 것은 좋지 않아요. 늘 어른이 옆에 붙어 있는 것이 안전하지요.

　아기들이 조금 자라 아장아장 걷게 되면 더욱 아이와 개만 단둘이 두지 마세요. 아이들은 개를 좋아하면서도 괴롭히는 일이 많으니까요. 장난을 치다며 귀에 소리를 지르기도 하고, 올라타기도 하고, 귀를 잡아당기기도 해요.

　꼬리를 집고 뱅글뱅글 놀리고 뾰족한 것으로 찌르기도 해요. 아무리 성격이 좋은 개라도 이쯤 되면 화가 나요. 그래서 왕 하고 짖기도 하고, 겁을 주려고 살짝 물기도 한답니다.

강아지와 아이들을 사이좋게 놀게 하려면 아이에게 강아지를 괴롭히지 말라고 일러 주세요. 강아지에게는 아이가 주인이라는 것을 알려 주세요. 그리고 어른이 함께 있으면서 사이좋게 노는 방법을 가르쳐 주세요.

43 추울 때에는 스웨터를, 비올 때에는 비옷을

개들은 멋진 털을 가지고 있어요. 아무리 추운 날도 거뜬할 것처럼 보이지요. 하지만 때때로 개들도 옷이 필요할 때가 있어요. 나는 산책이 좋아요. 하루도 빼놓지 않고 산책하고 싶어요.

그런데 비가 오는 날에는 털이 몽땅 젖어서 속상해요. 털을 말리려고 몸을 털면 주인님이 온통 물을 뒤집어쓰니까요. 만약 내게 손이 있다면 우산을 들 텐데. 우산을 들 수 없으니 비옷이라도 입혀 주세요. 주인님과 똑같은 노란 비옷. 그럼 비 오는 날에도 기분 좋게 산책할 수 있어요.

아유, 추워. 나는 유난히 추위를 많이 타요. 털도 긴데 왜 그런지 모르겠어요. 나처럼 **작은 개는 추위를 많이 탄다**던데, 그래서 그럴까요?

추운 날에는 귀도 시리고 발도 시려워

서 산책하기가 힘들어요. 온몸이 덜덜덜 떨리거든요.

　따뜻한 스웨터를 입는다면 추운 겨울에도 우아하게 산책할 수 있을 텐데……. 올해 크리스마스에는 나에게 따뜻한 겨울옷 한 벌 선물해 주시겠어요?

　아유, 창피해. 주인님이 내 털을 빡빡 깎아 버렸어요. 난 몸매가 좋아서 털이 없어도 예쁘다나요? 하지만 우리 푸들은 고슬고슬한 털이 얼마나 중요하다고요. 보통 푸들들은 털을 짧게 깎으면 부끄러워서 이불 속으로 쏙 숨어 버려요.

　나한테 옷을 입혀 주세요. 그러지 않으면 이불 속에서 꼼짝도 하지 않을 거예요. 하지만 신발이랑 선글라스, 모자까지 필요하지는 않아요. 옷은 필요해서 입는 것이지 사치품이 아니니까요.

　주인님의 기쁨을 위해 나를 인형처럼 만들지 마세요. 너무 **많은 장식품은 거추장스러워요.** 나는 자유롭게 뛰어다니는 멍멍이예요.

117

44 공주병 강아지의 탄생

내 친구 중에는 불치병에 걸린 멍멍이가 하나 있어요. 누구도 절대 고칠 수 없는 그 병은 바로 공주병이랍니다.

이게 제 친구 공주 사진이에요. 공주는 칭얼거리는 게 취미예요. 늘 끄으으응 하고 길게 울죠. 그럴 때마다 공주의 주인님은 한달음에 달려왔어요.

"공주야, 왜? 어디가 불편해?"

공주가 고개를 밥그릇 쪽으로 돌리면 얼른 고기를 구워 왔어요. 고개를 절레절레 흔들면 고기를 공주의 한 입에 맞게 잘라서 입 속에 넣어 주었어요. 배부르게 먹고 난 다음 공주는 또 "끄응" 하고 짧게 울었어요.

그러고는 주인님이 아끼는 방석 위에 쉬를 하고 말았죠. 제 덩치에 맞게 아주 엄청난 쉬였어요. 한참만에 공주의 쉬를 발견한 주인님은 공주를 야단치기 시작했어요.

"아유, 우리 공주 쉬했어? 엄마가 화장실에다 쉬하랬잖아. 그런데 여기다 하면 어떻게 해? 응? 응? 우리 공주 때찌때찌."

도대체 야단을 치는 건지, 예쁘다고 칭찬을 하는 건지 난 알아들을 수 없었어요. 공주도 마찬가지였나 봐요. 다음 번에도 주인님 소파 위에다 쉬를 하는 걸 보면요.

주인님 식구들이 밥을 먹을 때면 공주는 또 식탁 밑에서 짖고 울었어요. 멍멍, 끄응끄응. 그러면 공주의 주인님은 공주 밥그릇에 맛있는 치즈와 고기가 섞인 밥을 놓아 주었어요.

물론 주인님은 아직 숟가락도 들기 전이었지요. 늘 주인보다 먼저 밥상을 받는 공주는 제가 정말 공주님인 줄 안답니다.

공주는 산책도 일정한 시간에 나가야 했어요. 매일 여섯 시만 되면 목걸이를 물고 와 주인을 졸랐어요.

"멍멍, 산책 가자. 얼른 가, 멍멍."

주인님이 아무리 피곤해도, 밖에 비가 억수같이 쏟아져도, 집 안에 큰 걱정거리가 생겨도 공주는 절대 양보하지 않았어요. 여섯 시가 되면 정확하게 산책을 나가야 했어요.

처음에는 주인님이 산책하는 시간을 정해 공주를 데리고 갔지만, 시간이 지나면서 주인님의 의지와 상관없이 산책을 꼭 가야 하게 되었지요. 주인님은 때때로 여섯 시 산책이 힘들었지만 공주의 성화

에 못 이겨 나가야 했답니다.

공주는 잠도 꼭 주인님의 침대에 올라가서 잤어요. 주인님의 팔을 핥으면서 말이에요. 그런데 멍멍이들이 핥는 것은 "내가 너보다 윗사람이야."라는 뜻이랍니다.

하지만 공주의 주인님은 이 사실을 알지 못했어요. "내가 그렇게 좋아? 아유, 우리 공주, 예쁘기도 하지." 하고 말했어요.

공주는 침대에서 쉬도 여러 번 했지만 주인님은 묵묵히 이불 빨래를 했어요. "개가 뭘 알겠어. 실수로 그런 것이지." 하고 넓은 마음으로 이해하면서 말이지요.

그래서 공주는 점점 더 심각한 병에 빠지고 말았답니다. 만약 공주가 주인님을 떠나 다른 사람과 살게 된다면, 누가 공주같이 공주병 걸린 멍멍이와 살려고 하겠어요?

강아지마다 성격이 달라요 45

Special Story

    푸들은 사납고, 요크셔 테리어는 예민하고, 골든 리트리버는 듬직해요. 대부분의 경우 **강아지들의 성격은 종류마다 조금씩 달라요**. 그 특징을 알고 나면 사람한테 어울리는 강아지를 찾기 쉬워져요. 하지만 강아지들 개개인은 조금씩 다른 성격을 가지고 있고, 가족들이 어떻게 대하느냐에 따라 더 좋게도, 나쁘게도 변할 수 있다는 것을 잊지 마세요.

요크셔 테리어
애교가 많고 장난이 심해요. 사람들과 함께 노는 것을 무척 좋아해서 귀찮을 수도 있어요. 사람들이 무시하면 우울증에 빠져 말썽을 부린답니다. 그리고 작은 몸집이지만 운동을 무척 좋아해요. 아주 작은 개이기 때문에 던지거나 함부로 대했다가는 크게 다칠 수도 있어요.

푸들
푸들은 머리가 무척 좋아요. 그래서 갖가지 묘기를 잘 따라 하고, 좀처럼 잊어버리지도 않아요. 움직이는 것을 좋아하고 명랑한 성격이라 늘 분주하게 돌아다닌답니다.

하지만 질투가 심하고, 자신이 주목받지 못하면 신경질적으로 변할 수 있어요. 평소에 교육을 잘 시켜야 해요. 머리가 좋은 강아지이므로 소리지르거나 무섭게 대하는 것보다 잘 타일러야 해요.

몰티즈
하얀 털이 고급스러운 몰티즈는 손질이 어려운 강아지예요. 길고 가는 털을 손질할 자신이 있는 사람이 키워야 하지요. 장난치는 것을 좋아하고 애교도 많아 누구에게나 사랑을 받는답니다.

코커 스패니얼
코커 스패니얼은 먹는 것을 무척 좋아해요. 양껏 먹게 했다가는 금방 뚱뚱하게 살이 찌고 말아요. 성격이 명랑하고 사람들과 잘 어울려요. 무척 명랑하고 운동을 좋아해서 과격한 장난을 치기도 해요. 그래서 너무 어린 아이들과 어울리기보다는 초등학생 이상의 아이들과 어울리는 것이 좋아요.

진돗개
충성심이 무척 강한 개예요. 주인과 가족들에게는 애교를 부리고, 한 번 만난 사람을 잘 잊어버리지 않아요. 하지만 낯선 사람이 오면 심하게 경계해요. 그래서 집을 지키는 개로 최고랍니다. 강아지 때는 장난이 무척 심하지만 어른이 되면 제법 늠름해집니다.

셰퍼드

주인에게 충성을 다하는 성격이에요. 무척 세심한 성격이라 훈련을 잘 시켜야 합니다. 훈련을 받는다면 아무리 어려운 일도 해 낼 수 있어요. 하지만 주인이 관심을 쏟지 않거나 무시한다면 덩치 큰 문제아가 될 가능성도 있어요.

바셋 하운드

바셋 하운드를 본 사람은 누구나 웃음을 터트릴 거예요. 우스꽝스런 외모만큼 성격도 능청스럽고 애교가 많답니다. 하지만 한 번 고집을 부리기 시작하면 누구도 말릴 수 없어요. 보기보다 운동을 좋아하기 때문에 자주 산책시키고 함께 놀아 줘야 해요. 정이 많고 온순해서 아이들이 많은 집에서도 잘 지낼 수 있어요.

시베리안 허스키

운동을 무척 좋아해요. 하루 한 시간 이상 마음껏 뛰지 못하면 스트레스가 쌓여 도망칠지도 몰라요. 무거운 짐을 끌거나 오랜 시간 뛰어도 절대 쉽게 지치지 않는 체력을 가졌어요. 사람들, 특히 어린이들을 무척 좋아하고, 혼자 있는 것은 견디지 못 한답니다. 아무리 시베리안 허스키가 좋아도 실내에서 기를 생각은 절대 하지 않는 게 좋아요.

46 강아지를 맡길 때 이렇게 하세요

아직은 우리 멍멍이들이 사람들과 함께 갈 만한 여행지가 많지 않아요. **국립 공원은 멍멍이들의 출입이 법으로 금지**되어 있어요. 국립 공원에 살고 있는 동물들에게 나쁜 병이라도 옮길까 봐 걱정이 돼서 그렇대요.

호텔이나 콘도, 펜션 같은 숙박업소에도 멍멍이들을 데려갈 수 없는 경우가 많아요. 어쩔 수 없이 멍멍이들은 주인님이 여행을 갈 때 혼자 남겨질 수밖에 없지요.

그런 경우 주인님은 멍멍이들을 애견 호텔이나 동물 병원에 맡겨 두는 일이 생겨요. 하지만 나는 애견 호텔이 싫어요. 그래서 차라리 나를 집에 혼자 두고 가라고 했어요.

나처럼 용감한 어른 멍멍이의 경우 이틀 정도는 집에서 혼자 지낼 수 있어요. 낯선 동물 병원에 가는 것보다 익숙한 집에 있는 것이 더 마음이 편해요.

집에 멍멍이를 혼자 둘 경우 물과 밥을 충분히 준비해 주세요. 라디오도 켜 주세요. 사람 소리가 들리면 누군가 함께 있는 것 같아 좋아요. 이런 경우에는 꼭 주의할 점이 있어요.

밥을 어떻게 먹느냐 하는 것인데요, 어떤 멍멍이는 이틀치 밥을

한번에 다 먹어 버리는 수가 있어요. 이런 경우에는 애견 호텔에 맡겨서 시간 맞춰 밥을 주게 해야 해요. 하지만 나처럼 똑똑한 멍멍이는 한꺼번에 듬뿍 밥을 줘도 먹을 만큼만 알아서 먹지요. 그래서 이틀 동안 집을 볼 수 있는 거예요.

주인님이 긴 여행을 가는 경우에는 어쩔 수 없이 애견 호텔에 가야 해요. 이럴 때는 평소에 내가 좋아하던 물건과 함께 보내 주세요. 내 간식, 먹던 사료, 깔고 자던 수건이나 쿠션, 공…….

혹시 내가 아플지도 모르니까 내가 다니던 동물 병원의 전화 번호도 가르쳐 주세요. 그리고 주인님, 여행에서 빨리 돌아오세요. 보고 싶어요.

Special Story

47 내가 주인님을 닮았다고요?

우리가 닮았다고?

동그란 눈, 빙긋 웃는 입, 구불구불한 털까지 주인님을 꼭 빼닮았다고요? 맞아요. 함께 살면 닮는다는 말이 맞나 봐요. 우리는 외모뿐 아니라 성격까지 닮았으니까요.

주인님이 자주 소리를 지르면, 나도 잘 짖는 멍멍이가 되지요. 비가 와도 짖고, 천둥이 쳐도 짖고, 누가 초인종을 눌러도 짖고, 맛있는 간식을 먹을 때에도 좋아서 짖어요.

주인님이 자주 삐치면, 나도 잘 삐치는 멍멍이가 돼요. 주인님이 나를 조금만 서운하게 해도, 조금만 안 놀아 줘도 늘 주인님 쪽으로 엉덩이를 들이대고 삐쳐 있지요.

한번 삐치면 빨리 풀리지도 않아요. 주인님을 닮아서 그래요. 주인님이 스트레스 받을 때마다 먹어 대면, 나도 먹어요. 장판도 뜯어먹고, 신문지도 뜯어먹고, 전선도 뜯어먹어요. 주인님 과자도 빼앗아 먹고, 주인님 아이스크림도 몰래 핥아 먹어요.

그래서 우리는 뚱뚱한 개와 주인이 되어 더 닮게 되지요. 주인님이 잠을 많이 자면, 나도 잠만 자요. 놀자고 졸라도 자고, 산책하다 길바닥에 엎드려서 자고, 밥을 기다리며 앉아 있다가도 꾸벅꾸벅 졸아요.

주인님이 친구들을 싫어하면 나도 다른 개들을 싫어하게 돼요. 다른 개가 곁에 오기만 해도 으르렁거리고, 사람들의 손가락도 앙앙 물려고 덤벼요. 나는 주인님을 똑 닮았어요.

48 꼭 다이어트를 해야 하나요?

나는 미스 멍멍 대회에 안 나갈 거예요. 왜냐 하면 난 다이어트 하기 싫거든요. 우리의 다이어트는 사람과 좀 달라요.

다이어트 약을 먹지도 않고, 헬스 클럽에 가서 아령을 들지도 않고, 하루 종일 물만 먹고 지내지도 않아요. 특히 하루 종일 물만 먹는 것은 정말 위험한 생각이에요. 우리 멍멍이들은 하루에 겨우 한 끼, 많아야 두 끼를 먹는데 굶다니요. 있을 수 없는 일이에요.

다만 밥을 살 안 찌는 사료로 바꾸고, 간식도 안 먹고, 사람 음식은 절대 안 먹으면 돼요. 살 안 찌는 밥은 맛이 별로 없어요. 고소한 고기 맛이 덜 나거든요.

게다가 간식 금지라니, 주인님과 악수하고 재롱을 부린 다음에 먹는 육포 한 조각, 치즈 하나가 얼마나 큰 기쁨인데……

다이어트를 하면 이런 기쁨을 모두 포기해야 해요. 산책도 더 자주, 오랜 시간 동안 해야 해요. 물론 나는 산책을 무척 좋아해요. 하지만 너무 추운 날엔 살짝 게으름도 피우고 싶다고요.

그런데 주인님과 함께 자주 산책을 하니까 주인님의 살도 쏙쏙 빠지네요. 사실은 주인님이 살을 빼고 싶어서 다이어트를 시작한 게 아닌가요?

〈주인님의 변명〉

그게 아니야. 다 너를 위해 다이어트를 시키는 거야. 살이 찌면 강아지들의 예민한 심장에 큰 무리가 간단다. 그래서 신나게 뛰다가 갑자기 쓰러지거나 심하면 심장 마비로 죽을 수도 있어.

사람과 마찬가지로 강아지의 비만도 암처럼 심각한 병의 원인이 되기도 한단다. 네 나이가 벌써 아홉 살이잖아. 개 나이가 아홉 살이면, 사람으로 치면 육십 살에 가까워지는 나이야. 나이가 많을수록 살이 찌면 위험하다는 것 잘 알지?

그러니 날씨가 추워도, 게으름을 피우고 싶어도 부지런히 운동하고, 밥도 너무 많이 먹지 말자. 우리, 건강 관리 잘 해서 오래오래 같이 살자. 응?

〈나의 답장〉

다이어트 안 하겠다고 투정부려 미안해요. 우리 건강하게 오래오래 같이 살아요.

49 멍멍이가 다리를 다쳤어요

　모든 강아지가 잘 뛰고, 냄새를 잘 맡는 것은 아니에요. 선천적으로 장애가 있거나, 사고로 다리를 하나 잃는 경우도 있지요.

　특히 요즘에는 교통 사고가 많이 발생해서 다친 강아지를 만나는 일이 흔하답니다. 다친 멍멍이도 똑같은 강아지예요. 조금만 더 관심을 기울여 준다면 사람들과 함께 살아가는 데 아무 문제가 없지요.

　내 친구 중에도 뒷다리 한쪽을 잃은 녀석이 있었어요. 수술을 하고 처음 세 다리로 서는 날은 잔뜩 겁에 질렸지만 곧 장애가 있는 몸에 적응했어요.

　지금은 다리 세 개로도 누구보다 빨리 뛴답니다. 그리고 늘 웃음을 잃지 않아요. 장애가 있는 강아지라고 해서 주인이 너무 불쌍한 눈으로 바라보거나 무조건 잘 해 줄 필요는 없어요.

　강아지들은 다리가 하나 없어도 폴짝폴짝 잘 뛰고 밥도 아주 잘 먹으니까요. 뒷다리에 문제가 있을 경우에는 불편한 대로 잘 살 수 있어요. 친구들과 장난치며 구를 수도 있으니까요.

하지만 다리가 두 개 없거나, 앞다리가 다친 경우에는 균형을 잡을 수 없어서 무척 힘들어요. 이런 경우 보조 기구를 만들어 주어야 해요. 사람들이 쓰는 의족 같은 것을 말이지요.

다친 강아지가 보조 기구에 적응하는 일은 사람에게도, 개에게도 무척 힘든 일이에요. 하지만 불편한 몸이 되었다고 해서 강아지를 버린다면, 주인님도 멍멍이도 엄청난 상처를 갖게 돼요.

아픈 멍멍이도 건상한 멍멍이만큼 사랑해 주세요. 그럼 불편한 몸을 이겨 내고 잘 살 수 있답니다.

50 눈이 잘 안 보여요

눈이 안 보이는 개들도 꽤 많아요. 원래 개는 눈이 썩 좋은 편이 아니랍니다. 그래서 시력이 떨어져도 살아가는 데 큰 어려움은 없어요.

하지만 시력이 나쁜 개와 함께 살 때에는 가구의 위치를 자주 바꾸지 않는 것이 좋아요.

개들은 익숙한 곳에서는 잘 안 보여도 다치지 않지만 갑자기 없던 물건이 생기면 쿵 부딪히게 될 거예요.

만약 가구의 위치를 바꾸거나 이사를 했다면, 강아지와 함께 집 안을 둘러보며 잘 설명해 줘야 해요. 그래도 자주 부딪힌다면 약한 냄새가 나는 방향제 등을 가구의 모퉁이에 뿌려 주세요.

밖에 나갈 때에는 목줄을 하고 주인이 줄을 짧게 잡아요. 그러면 갑자기 위험한 상황이 닥쳐도 얼른 피할 수 있답니다.

잘 안 들려요, 멍멍! 51

귀가 안 들리는 멍멍이는 앞이 안 보이는 개보다 훨씬 힘들게 살아요. 또 주인은 자신의 강아지가 귀가 잘 들리는지 안 들리는지 빨리 알아챌 수도 없어요. 만약 주인이 집에 돌아왔는데 나와서 반기지 않는다면 귀가 잘 들리는지 의심해 보세요.

주인이 들어오는 소리를 못 들었다는 이야기이니까요. 이런 강아지들에게는 목줄을 꼭 채워야 해요. 줄을 묶지 않으면 멀리 달려갔다가 부르는 주인의 목소리를 듣지 못해 영영 잃어버릴 수도 있어요. 그리고 말 대신 수화를 해야 해요. "돌아와."라는 말 대신 돌아오라는 손동작을 크게 하는 것이지요.

만약 가까이 있는 멍멍이에게 명령을 할 때에는 손동작 대신 발을 쿵쿵 구르는 것도 좋아요. 소리는 못 들어도 바닥의 진동은 느낄 수 있으니까요.

강아지와 함께 사는 것은, 그 강아지가 아무리 똑똑하고 건강해도 손이 많이 가는 일이에요. 장애가 있을 경우에는 그보다 두세 배의 노력이 필요하지요. 함께 사는 즐거움에 비하면 아주 적은 것이죠? 그렇죠?

52 엄마가 되었어요

사춘기가 지나면 암컷 멍멍이들은 일 년에 두 번 월경을 시작합니다. 엄마가 될 수 있다는 신호지요. 월경이 끝나면 발정기가 시작됩니다. 그럼 멋진 수컷 멍멍이들이 암컷 주위로 몰려든답니다.

수컷 멍멍이들은 발정기가 따로 없어요. 발정기가 온 멋진 암컷을 만나면 아무 때나 "결혼하자."고 졸라 대요. 이럴 때 주인은 참 난감하지요?

"안 돼. 넌 아직 어려."

"저 멍멍이는 진돗개잖아. 넌 치와와고. 너희 둘은 크기가 너무 달라."

아무리 달래고 야단쳐도 수컷 멍멍이들은 꿈쩍하지 않아요. 오로지 발정이 온 암컷을 향해 늑대 울음소리를 낼 뿐이지요. 이럴 때 막을 방법은 없어요.

그냥 수컷 멍멍이를 우리에 가둬 두거나 멀리 못 가도록 묶어 놓아야 한답니다. 그리고 두 살이 넘은, 엄마가 될 준비가 끝난 암컷에게는 멋진 신랑감을 소개시켜 줘야 해요.

긴깅하고 아빠가 될 준비가 된 수컷이면 누구나 좋겠지만, 사실 멍멍이들의 결혼이 그렇게 단순하지만은 않답니다.

종류가 다른 멍멍이들이 결혼을 하면 '잡종'이라고 부르는 강아지가 태어나요. '잡종'이라는 예쁘지 않은 이름으로 불리지만, 이 강아지들도 참 사랑스럽답니다.

하지만 사람들은 같은 종끼리 결혼해서 태어난 순종 강아지를 좋아해요. 그래서 잡종 강아지들은 주인을 찾기 어려울 수도 있어요.

그러므로 주인님들! 강아지를 결혼시킬 때에는 잘 생각하세요. 또 태어난 강아지가 좋은 주인을 만날 것 같지 않으면 강아지들을 자꾸 낳게 하는 것은 좋지 않다고 생각합니다.

임신을 한 멍멍이에게는 영양이 듬뿍 든 사료를 보통 때보다 조금 많이 줍니다. 그리고 영양제를 주기도 합니다.

결혼을 한 강아지는 두 달 뒤에 예쁜 새끼를 낳아요. 새끼는 투명한 막에 싸여 나오는데, 한 마리가 아니라 여러 마리예요.

특히 리트리버나 달마시안의 경우에는 새끼들을 많이 낳아요. 난 강아지를 열두 마리나 낳은 리트리버도 알고 있어요.

하지만 요크셔 테리어나 몰티즈 같은 경우에는 많아야 두세 마리랍니다. 몸집이 작은 멍멍이가 새끼를 많이 가질 경우에는 수술을 해서 새끼를 낳는 경우도 있어요. 새끼가 너무 여러 마리 태어나면 엄마도 힘들고 주인도 힘들어요. 새 주인을 찾아 주기도 힘들고요.

새끼들은 처음에는 눈도 뜨지 못해요. 오줌, 똥도 스스로 가리지 못해서 엄마가 다 핥아 줘야 해요. 겨우 젖을 찾아간 녀석들은 하루 종일 먹고 자는 일 말고는 할 줄 아는 게 없어요. 이 때에는 귀도 꽉 막혀 있어서 통 아무 소리도 들리지 않는대요.

1주일쯤 지나면 아이들이 눈을 뜨고, 귀도 트이게 됩니

장하다, 망치야.

아이구, 내 강아지들 ♥

다. 그리고 1주일이 더 지나면 아장아장 걷기 시작하는데, 아주 어설퍼서 넘어지기 일쑤랍니다. 여전히 잠이 많아서 젖을 먹다가도, 똥을 싸다가도 픽 쓰러져 잠을 자지요.

만약 엄마 개가 없으면 아기 강아지에게 멍멍이 분유를 먹여야 해요. 하루에 여덟 번 멍멍이용 우윳병에 넣어 먹여야 해요. 이 때 꼭 멍멍이 분유를 확인하세요. 사람 분유를 먹이면 강아지들이 설사를 할 수도 있어요.

강아지가 이빨이 나고 혼자서 똥, 오줌을 잘 싸게 되면 마른 사료를 물에 불려 먹이기 시작하고 예방 주사도 맞힙니다. 아직 어려서 화장실 훈련을 시킬 수는 없어요.

53 미스 멍멍 대회에 나갈래요

나 예쁘죠? 그래서 미스 멍멍 대회에 나가기로 했어요. 사람들은 미스 멍멍 대회를 전람회라고 부르더군요.

미스 멍멍 대회에 나가는 일은 쉽지 않아요. 평소부터 꾸준히 관리를 해야 하거든요. 털이 긴 개라면 털이 더러워지거나 끊어지지 않게 잘 관리해야 해요. 눈물 때문에 눈 밑의 털 색깔이 변하지 않도록 하고, 밥을 너무 많이 먹어도, 적게 먹어도 안 돼요. 뚱뚱해도, 너무 말라도 곤란하거든요.

이빨이 하나 빠지거나 몸에 흉터가 있어도 안 돼요. 교육도 잘 받아야 해요. 예쁘게 걷는 법과 멋지게 포즈를 취하는 법도 연습해야 하지요.

연습을 잘 하고, 미용을 예쁘게 했

다고 멍멍 대회에서 상을 타는 건 아니에요. 좋은 품종과 잘 빠진 몸매, 빛나는 털과 함께 성격도 무척 좋아야 해요.

　심사위원 앞에서 살랑살랑 예쁘게 걸을 줄도 알아야 하고, 여럿이 모인 자리에도 겁을 내면 안 돼요. 무대 위에서 떠는 소심한 성격은 절대 미스 멍멍이 될 수 없어요.

　심사위원이 내 몸을 관찰하고, 내 이빨을 들여다보는 동안 무서워서 쉬를 하거나 싫다고 으르렁거리면 안 돼요. 하지만 너무 걱정 말아요. 여러 번 참가하다 보면 떨지 않고 잘 하게 될 테니까요.

　만약 나처럼 미스 멍멍 대회에 나가고 싶다면 먼저 작은 규모의 대회에 여러 번 나가서 경험을 쌓은 뒤 전국 미스 멍멍 대회에 나가요. 그럼 떠는 것쯤은 멋지게 극복할 수 있을 거예요.

멍멍 대회를 마치고

　오늘 미스 멍멍 대회에서 일등을 했어요. 여기 메달도 받았어요. 이 영광을 함께 뛴 선생님께 돌릴게요.

선생님을, 사람들은 핸들러라고 부르는데요, 핸들러는 내가 멋지게 걷고, 포즈를 취하는 동안 나와 함께 뛰어 준 사람이에요.

 우리 주인님은 너무 바빠서 나와 함께 멍멍 대회 연습을 할 시간이 없었어요. 그래서 전문 핸들러와 연습한 다음 함께 대회에 나갔어요. 우리는 호흡이 무척 잘 맞았어요. 내 뒤에 나오던 개는 핸들러와 발이 안 맞아서 그만 넘어지고 말았어요. 멍멍.

꼬리를 자르지 마세요

Special Story

사람이든 강아지든 누구나 예뻐지고 싶은 마음이 있어요. 나도 예쁜 멍멍이가 되고 싶어요. 하지만 **성형 수술은 싫어요.** 너무 아프잖아요.

사람들은 멍멍이들을 예쁘게 만들기 위해 꼬리를 자르고, 귀를 잘라요. 귀를 잘라 주면 예쁘게 번쩍 선다나요.

미니 핀, 슈나우저, 보스턴 테리어의 뾰족하고 날렵한 귀는 어렸을 때 잘라 줘서 그렇게 된 거예요. 사실은 이런 개들의 귀는 뾰족하기 보다는 약간 펄럭거릴 정도이거든요.

요크셔 테리어, 슈나우저의 경우에는 꼬리를 잘라요. 짧은 꼬리가 예쁘니까요. 이렇게 꼬리를 자르고, 귀를 잘라서 사람들이 원하는 외모를 갖춰야만 멍멍 대회에 나갈 수 있어요.

멍멍 대회에 나갈 생각이 있는 멍멍이가 아니라면 귀도, 꼬리도 자르지 맙시다.

예쁜 게 중요한가요? 안 아프고, 건강한 것이 훨씬 중요해요. 사람들은 어렸을 때 자르니까 안 아프다고 하지만 어리다고 아픈 것을 모르나요? 사람들 보기에 예뻐 보이기 위해 귀를 자르고 꼬리를 자르는 일은 이제 그만, 그만두세요.

사람의 눈과 귀가 될게요 55

Special Story

　사람들은 멍멍이들을 평생 보살펴야 한다고 생각해요. 하지만 주인을 정성껏 돌보는 멍멍이들도 무척 많답니다.

　내 친구 도우미예요. 도우미는 눈이 안 보이는 사람과 함께 살아요.

　도우미 멍멍이가 되려면 태어난 지 2개월부터 위탁 가정에서 교육을 받아야 해요. 이 때 받는 교육은 사람들과 함께 잘 지내는 교육이었어요.

　사실 교육이라기보다는 많은 사람에게 사랑을 받는 것이에요. 어렸을 때 사랑을 많이 받아야 성격이 좋은 멍멍이로 자라니까요.

　한 살이 넘자 도우미는 시각 장애인 도우미 학교로 들어갔어요. 이 곳에서 강도 높은 교육을 받았어요.

　만약 도우미 개가 실수라도 하는 날이면 주인이 위험에 빠질 수도 있으므로 도우미 교육은 무척 엄하고 어렵답니다. 이 교육을 마치지 못하고 결국 도우미가 되지 못 하는 개들도 있어요.

도우미 개는 말 그대로 시각 장애인들의 눈을 대신하는 역할을 해요. 길을 건널 때 신호등을 읽어 주고, 자전거가 다가오면 멈춰서 주인이 다치지 않도록 해요.

계단을 오를 때에도 주인이 넘어지지 않도록 한 계단, 한 계단마다 멈춰 서지요. 그래서 도우미 개들은 침착하고 성격이 좋아야 해요. 보통 **골든 리트리버나 래브라도 리트리버가 시각 장애인 도우미 개가 된답니다.**

병원을 돌아다니며 위문 공연을 하는 멍멍이들도 있어요. 오랜 병원 생활로 지친 사람들에게 즐거움을 주는 것이죠. 그러면 사람들의 병이 더 빨리 낫는답니다. 사람을 구조하는 멍멍이들도 있어요. 산에서 길을 잃거나 다친 사람을 찾아 내는 일은 사람보다 멍멍이가 훨씬 잘 한답니다. 멍멍이는 뛰어난 후각으로 사람이 있는 곳을 찾아 내지요. **셰퍼드나 세인트 버나드가 산악 구조견으로 많이 활동**하고 있어요.

나를 괴롭히지 말아요

Special Story

아얏, 나를 물지 마세요. 커다란 손바닥으로 때리지도 말고요, 뾰족한 물건으로 나를 찌르지도 마세요. 커다란 발로 나를 찬다고요? 말도 안 돼요.

만약 어떤 개가 심하게 으르렁거리고, 아무나 무는 무서운 멍멍이라면, 어린 시절에 사람들한테 맞았을 가능성이 아주 커요.

멍멍이들은 사람한테 괴롭힘을 당하지 않고서는 뾰족한 성격으로 변하지 않으니까요. 멍멍이 밥을 빼앗지도 마세요.

조그만 강아지가 낮은 목소리로 으르렁거리는 것이 재미있어서 장난삼아 멍멍이 밥을 빼앗고 꼬리를 잡아당기는 사람들도 있어요. 하지만 이런 작은 장난이 멍멍이들의 성격을 나쁘게 만들 수도 있어요.

하지만 아무도 괴롭히지 않았는데 강아지가 으르렁거린다면 사람의 말을 알아듣는 교육을 시켜야 해요. 특히 크기가 큰 개는 멍멍 학교로 보내 공부를 시키는 게 좋아요. 큰 개가 위협하면 사람들뿐 아니라 우리 멍멍이들도 참 무서우니까요.

57 강아지가 늙고 힘이 없어져도

우리 강아지들은 사람보다 빨리 자라요. 빨리 자란다는 말은 빨리 늙는다는 말과도 같아요.

요크셔 테리어처럼 작은 개들은 열다섯 살까지 살기도 하지만 덩치가 큰 개들은 열 살 정도가 제 수명이랍니다.

강아지 나이로 한 살은 사람 나이로 계산하면 일곱 살쯤 되어요. 그래서 열 살짜리 사람은 아직 어린 초등 학생이지만 강아지는 열 살이면 호호 할아버지가 된답니다.

나이가 먹으면 개들도 이빨이 흔들거리고, 다리에 힘도 빠져요. 예전처럼 활발하게 돌아다니지 못 하고 잠자는 시간이 길어지지요. 딱딱한 사료를 먹기 힘들어하기도 하고, 그렇게 좋아하던 산책도 영 시큰둥하지요.

눈이 잘 안 보이거나 귀가 잘 안 들리기도 해요. 털도 숭숭 빠지고, 예전처럼 귀여운 얼굴은 사라지고 할아버지, 할머니의 표정이 드러나지요.

이렇게 나이가 먹으면 개들이 사람과

놀아 주는 게 보통 힘든 게 아니에요. 그러니 조용히 쉴 수 있게 내버려 두었으면 좋겠어요. 예전에는 아무 바닥에서나 널브러져 잤던 개라 할지라도 나이가 먹으면 편안하게 잘 수 있는 잠자리를 마련해 주세요. 그리고 조용히 해 주세요.

나이가 먹으면 개들은 살이 쪄요. 그러나 **나이에 맞게 먹이의 양을 조절**해 주고, 나이 먹은 개들에게 맞는 사료로 바꿔 주세요. 특별히 아픈 곳이 없더라도 일 년에 두 번쯤은 병원에 가서 진찰을 받게 하세요. 주인님이 모르는 사이에 병에 걸릴 수도 있으니까요.

매년 하던 예방 접종 대신 몸 안에 항체가 얼마나 들어 있는지 혈액 검사를 해 주세요. 그 동안 맞았던 예방 주사가 차곡차곡 쌓여 몸 안에 항체가 많으면 굳이 예방 주사를 맞지 않아도 되거든요.

때로는 주사 한 대도 늙은 개들에게 스트레스가 될 수 있으니까요. 단지 나이가 들었을 뿐인데 어떤 사람들은 개가 변했다고 생각해요. 그래서 "에이, 재미없어. 강아지가 뭐 이래?" 하고 말하기도 해요. 사람들은 발랑발랑 까부는 어린 강아지를 좋아하니까요. 작고, 포동포동하고, 장난치기 좋아하는 어린 강아지. 그래서 늙은 개를 귀찮아하고, 심한 경우에는 버리기도 해요. 하지만 모든 늙은 개들에게도 귀여운 어린 시절이 있었답니다.

우리는 장난감이 아니에요. 살아 있는 생명체랍니다. 생명을 함부

로 대하는 일은 나쁜 거예요. 내가 늙고, 힘이 없어져도 똑같이 사랑해 주세요. 비록 몸이 힘들어서 달려들어 반기지 못하지만, 늙은 개의 마음 속엔 여전히 주인을 향한 사랑이 가득하니까요.

멍멍이들은 주인이 아무리 늙고, 병들고, 돈이 없고, 힘들어져도 결코 배신하지 않아요. 진짜 우정은 그런 것에 흔들리지 않는답니다.

어느 날 내 목숨이 하늘로 돌아간다면, 진심으로 슬퍼해 주세요. 나의 집과 장난감과 밥그릇은 땅에 묻어 주고, 내 몸은 동물 병원이나 멍멍 장의사에 연락해 화장해 주세요. 그리고 남은 사진이 있다면 가끔 보면서 생각해 주세요.

　진짜로 내가 많이 그립다면 다른 멍멍이를 새 식구로 맞아 주세요. 건강한 어린 강아지도 좋고, 주인한테 버려져 갈 곳을 잃은 개도 좋아요.

　이왕이면 따뜻한 손길이 필요한 불쌍한 강아지를 거두어 주세요. 그리고 새 멍멍 식구가 들어오면 내 생각일랑 하지 말고 마음껏 사랑해 주세요. 나한테 그랬던 것처럼요. 사람들이 진심으로 강아지를 사랑하는 것, 그것이 나를 가장 행복하게 하는 일이랍니다.

나와 딱 맞는 강아지는 누구?

집 안에서 키울 거예요. 잘 짖지 않고, 얌전하고, 애교가 많았으면 좋겠어요. 어린 내 동생이랑도 잘 지내고, 털도 많이 안 빠졌으면 좋겠어요.
▶ 시추 · 몰티즈

집을 잘 지키는 개가 필요해요. 우리 가족을 잘 따르고, 낯선 사람들은 경계해야 해요. 외모는 덩치가 크고, 무섭지만 성격은 온순했으면 좋겠어요.
▶ 불독 · 풍산개

집 밖에서 키울 거예요. 잘 짖지 않고, 함께 뒹굴며 놀 수 있는 다정하고 온순한 강아지였으면 좋겠어요. 아기도 대신 봐줄 수 있을 만큼요.
▶ 래브라도 리트리버

강아지와 함께 춤을 추는 대회에 나가고 싶어요. 뒷다리로 잘 설 수 있고, 동작을 잘 따라 할 수 있는 강아지를 원해요.
▶ 푸들 · 보더 콜리

장난이 많고 활동적인 강아지를 키우고 싶어요. 집 안에서 키울 거지만, 밖에서 운동도 함께 할 수 있는 아주 씩씩한 강아지였으면 좋겠어요.
▶ 보스턴 테리어 · 코커 스패니얼

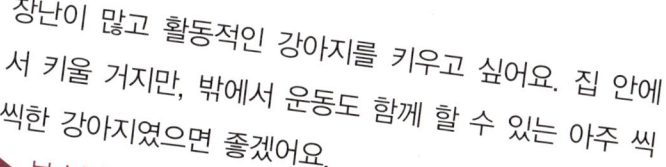

IQ TEST

1 강아지를 방 가운데 놓고 이름을 불러 보세요. 어떤 반응을 보이나요?
- ★ 막 달려와 문다. (1점)
- ★ 쳐다만 보고 오지 않거나 반대쪽으로 도망가 숨는다. (2점)
- ★ 처음에는 머뭇거리지만 곧 다가온다. (3점)
- ★ 꼬리를 흔들며 달려와 손을 핥는다. (4점)

2 강아지에게 장난감 공을 던졌어요. 어떤 반응을 보이나요?
- ★ 달려가 공을 물어뜯는다. (1점)
- ★ 반대쪽으로 도망가 숨는다. (2점)
- ★ 공을 쫓아가 물고 논다. (3점)
- ★ 공을 물어 주인에게 가져온다. (4점)

3 강아지가 보지 못하게 뒤에서 종 소리를 냈어요. 어떤 반응을 보이나요?
- ★ 아오~, 울음소리를 내거나 격렬히 짖는다. (1점)
- ★ 소리가 나는 반대쪽으로 도망간다. (2점)
- ★ 귀를 쫑긋 세웠지만 곧 무관심해진다. (3점)
- ★ 소리가 난 쪽을 정확히 찾아간다. (4점)

재미로 보는 우리 강아지 아이큐 테스트

4 강아지가 평소에 언제 앞발을 사용하나요?
- ★ 다른 강아지와 싸울 때 앞발로 공격을 한다. (1점)
- ★ 네 발로 걷거나 뛸 때 외엔 사용하지 않는다. (2점)
- ★ 먹이를 먹을 때 잡고 먹는다. (3점)
- ★ 굴러가는 물건을 잡거나 숨어 있는 물건을 꺼낼 때 사용한다. (4점)

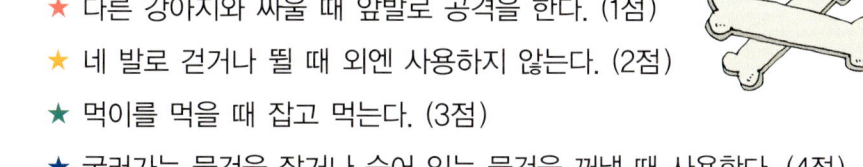

5 강아지를 벌렁 눕혀서 30초 동안 가만히 있게 했어요. 강아지가 어떻게 반응하나요?
- ★ 일어나려고 으르렁거리며 짖고 문다. (1점)
- ★ 일어나려고 버둥거리며 으르렁거리지만 물지는 않는다. (2점)
- ★ 처음에는 버둥거리며 반항하지만 곧 조용해진다. (3점)
- ★ 얌전하게 가만히 기다린다. (4점)

6 TV에 개가 나오면 그것을 보고 어떤 반응을 보이나요?
- ★ TV를 보지만 아무런 생각이 없는 것 같다. (1점)
- ★ 화면을 보고 흥분하거나 짖는다. (2점)
- ★ 화면을 보고 혼란스러운 듯 낑낑거린다. (3점)
- ★ 흥미있게 보지만 그 곳에 개가 있다고 생각하지 않는 것 같다. (4점)

우리 강아지는 몇 점?

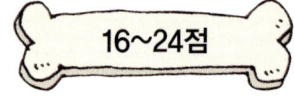
16~24점

머리 좋고 성격 좋은 최고의 강아지

점수가 높을수록 머리도 좋고 성격도 좋은 강아지예요. 호기심이 많아서 주인이 사랑해 주고, 일관성 있게 훈련을 한다면 명견이 될 가능성이 충분해요.

7~15점

소심하고 겁이 많은 강아지

겁이 많은 강아지는 오랜 시간 훈련을 시켜야 해요. 천천히, 꾸준히 훈련을 받으면 명견이 될 수 있어요. 하지만 급하게 이것저것 시키려고 하면 사람을 피하는 강아지가 될 수도 있으니 주의하세요.

1~6점

공격성이 있는 강아지

머리는 좋지만 공격적인 성격의 강아지예요. 단호한 명령으로 주인이 강아지보다 높은 사람이라는 것을 알려 주어야 해요. 하지만 때리는 것은 절대 금물이에요. 공격성을 더 키울 수 있으니까요.

최고로 **머리 좋은** 강아지 VS 최고로 **머리 나쁜** 강아지

미국 애견협회에서 강아지들이 새로운 명령어를 얼마나 빨리 익히는지 실험해 보았어요. 그래서 뽑힌 가장 머리 좋은 개는 바로 보더 콜리, 푸들이고, 머리 나쁜 개는 불독, 시추 등이에요.

보더 콜리 보더 콜리는 양치기 개로 유명해요. 영국 양치기 개 대회에서 매년 우승할 정도로 머리가 좋고, 부지런하답니다.

푸들 주인의 명령을 잘 따르며 충성심이 매우 강해요. 붙임성도 있어서 오랫동안 사랑받아 왔어요. 하지만 예민해서 자주 짖는답니다.

불독 머리가 좋거나 민첩하지는 않지만 성격이 순하고, 침착해서 어린이들과 함께 지내기에 참 좋답니다.

시추 시추는 애교가 아주 많고 잘 짖지 않아요. 아기들과 함께 키워도 될 만큼 최고의 성격을 가진 강아지랍니다.

강아지와 관련된 직업을 갖고 싶어요

수의사 동물 병원 의사 선생님은 강아지뿐 아니라 소, 돼지, 토끼, 고양이, 심지어는 악어에 대한 지식까지 알고 있어야 해요. 그래서 동물을 아주 사랑하는 사람만이 수의사가 될 자격이 있어요. 공부도 잘 해야 해요. 우리 나라에는 수의학과가 있는 대학이 많지 않아서 경쟁률이 매우 높답니다.

애견 훈련사 애견 훈련사는 기본적인 복종 훈련부터 경비견, 구조견, 경찰견, 도우미견 등 모든 종류의 강아지 훈련을 담당하는 사람이에요. 훈련사는 개를 좋아하는 것은 물론 체력도 튼튼해야 해요. 애견 훈련사가 되려면 대학의 애견 관련 학과에 들어가거나 애견 훈련소에서 일을 하며 훈련사 자격증을 따고 경험을 쌓아야 해요.

핸들러 강아지 박람회에 나갈 강아지들을 전문적으로 관리하는 사람을 핸들러라고 해요. 만 16세 이상이 되어야 핸들러 자격증을 딸 수 있지만 자격증이 없어도 전람회에 나갈 수 있

답니다. 우리 나라는 아직 핸들러라는 직업이 정착되지 않아서 훈련사나 브리더들이 겸하는 경우가 많아요.

애견 미용사 애견 미용사들은 강아지를 목욕시키고, 털과 발톱을 정리하여 더 멋있게 만들어 주는 일을 해요. 다양한 성격의 강아지들을 상대해야 하기 때문에 강아지에 대한 사랑과 함께 인내심과 냉정함을 가진 사람이 적합해요. 애견 미용을 가르치는 학원에서 배우고, 2~3년 정도 경험을 쌓으면 훌륭한 애견 미용사가 될 수 있어요.

브리더 브리더는 한두 종류의 강아지 품종을 집중적으로 키워서 최고로 좋은 강아지를 만들어내어 전람회에 내보내고, 분양을 하는 일을 해요. 실제로 강아지들을 많이 키우고, 새끼를 받아야 하기 때문에 강아지와 함께 살 준비를 확실히 해야 해요.

강아지 옷 디자이너, 강아지 전용 사진사 강아지를 사랑하는 사람이 늘어나면서 생겨난 강아지 관련 직업이랍니다. 이 밖에도 강아지 관련 직업을 새로 창조해 낼 수도 있어요.

세계 여러 나라를 대표하는 개

우리 나라 - 진돗개와 풍산개
진돗개는 우리 나라에서 천연기념물로, 풍산개는 북한에서 천연기념물로 지정되었어요.

중국 - 차우 차우
중국에서 3000년 전부터 키웠다는 차우 차우는 덩치가 커서 종종 곰으로 오해를 받아요. 혀가 보라색이라 시베리안 늑대를 닮았다고도 해요. 한 주인만 따르는 충직한 개로 유명합니다.

일본 - 아키타
일본의 천연기념물인 아키타는 몸이 크고 털이 짧으며 꼬리가 말려 있어요. 무척 용맹해서 집을 잘 지킨답니다.

티벳 - 라사압소
티벳이 원산지인 라사압소는 티벳 왕실에서 키우던 개예요. 티벳에서는 승려들이 열반에 이르지 못 하면 라사압소로 환생한다는 말이 있을 정도로 인기가 많답니다.

우 / 리 / 집 / 명 / 랑 / D / O / G / S

멕시코 – 치와와
멕시코의 치와와 지방이 원산지라 치와와라는 이름이 붙었어요. 세계에서 가장 작은 종류의 강아지로, 애교가 많고 활발해요. 털이 긴 종류와 털이 짧은 종류가 있어요.

프랑스 – 파피용
파피용은 옛날 귀족들이 무척 좋아해서 초상화에 함께 등장하기도 한 강아지예요. 귀가 나비 모양이라 프랑스어로 '나비'라는 뜻의 파피용이란 이름을 얻었어요.

브라질 – 필라
필라는 옛날에 브라질에서 재규어나 야생 멧돼지 등을 사냥하던 개예요. 주인에게 충성스럽고 아이들과도 아주 잘 지내지만 사냥을 할 때는 용맹한 맹수로 변한답니다.

미국 – 시베리안 허스키와 알래스카 말라뮤트
이 두 종류의 개는 원래 북극에서 썰매를 끌던 개였어요. 그래서 돌아다니는 것을 좋아해요. 알래스카 말라뮤트가 시베리안 허스키에 비해 몸집이 훨씬 커요.

2007년 6월 25일 2판 1쇄 발행
2007년 9월 5일 2판 2쇄 발행

지 은 이	정재은
그 린 이	양은희
발 행 인	김경석
펴 낸 곳	아이앤북
편　　집	우안숙 박성희
디 자 인	김정선 김희영
마 케 팅	김성기 김만석 양재준 양경희 양현민 차명철
주　　소	서울시 성동구 용답동 233-5
연 락 처	(02)2248-1555	FAX (02)2243-3433
등　　록	제4-449호

ISBN 978-89-90267-93-1 73800

ⓒ 우리누리, 2007

WWW.IANDBOOK.CO.KR 아이앤북은 '나와 책' '아이와 책' 이라는 뜻을 가지고 있습니다.

이 도서의 국립중앙도서관 출판시도서목록(CIP)은 e-CIP 홈페이지 (http://www.nl.go.kr/ecip)에서 이용하실 수 있습니다. (CIP 제어번호 : CIP2007001892)